Popular Complete Smart Series

Complete FrenchSmart

Grade 5

| Unité 1 | Les parties du corps | 4 |
| Unit 1 | Body Parts | |

| Unité 2 | Les activités quotidiennes | 10 |
| Unit 2 | Daily Activities | |

| Unité 3 | Les accessoires | 16 |
| Unit 3 | Accessories | |

| Unité 4 | Les émotions | 22 |
| Unit 4 | Feelings | |

| Unité 5 | Les fruits et les légumes | 28 |
| Unit 5 | Fruits and Vegetables | |

| Unité 6 | Les produits laitiers | 34 |
| Unit 6 | Milk Products | |

| Unité 7 | Les viandes et les substituts | 40 |
| Unit 7 | Meat and Alternatives | |

| Unité 8 | Les céréales | 46 |
| Unit 8 | Grains | |

| La révision 1 | | 52 |
| Revision 1 | | |

| Unité 9 | Les nombres : de 1 à 69 | 58 |
| Unit 9 | Numbers: 1 to 69 | |

Grade 5

Contents

Unité 10	**La quantité et les équations**	64
Unit 10	Quantity and Equations	
Unité 11	**Les métiers**	70
Unit 11	Professions	
Unité 12	**En ville**	76
Unit 12	In the City	
Unité 13	**La nature**	82
Unit 13	Nature	
Unité 14	**Les expressions avec « avoir »**	88
Unit 14	Expressions with "Avoir"	
Unité 15	**Les prépositions et les conjonctions**	94
Unit 15	Prepositions and Conjunctions	
Unité 16	**Le zoo**	100
Unit 16	The Zoo	

La révision 2 — 106
Revision 2

L'heure du conte — 113
Storytime

Amusez-vous avec les dialogues — 205
Have Fun with Dialogues

Réponses — 213
Answers

Unité 1: Les parties du corps

Body Parts

Vocabulary: Words for body parts
Expressions: « Voilà... » "Here is/are..."
Grammar: Possessive adjectives

Voilà ma langue!
vwah·lah mah laang
Here is my tongue!

Voilà mes yeux!
vwah·lah meh zyuh
Here are my eyes!

A. Copiez les mots.
Copy the words.

les cheveux
leh shuh·vuh

le nez
luh neh

le menton
luh maan·tohn

les sourcils
leh soor·seey

l'œil
lohy

la joue
lah joo

la bouche
lah boosh

les lèvres the lips
leh lehvr

les oreilles the ears
leh zoh·ray

le visage the face
luh vee·zahj

la peau the skin
lah poh

4   Complete FrenchSmart · Grade 5

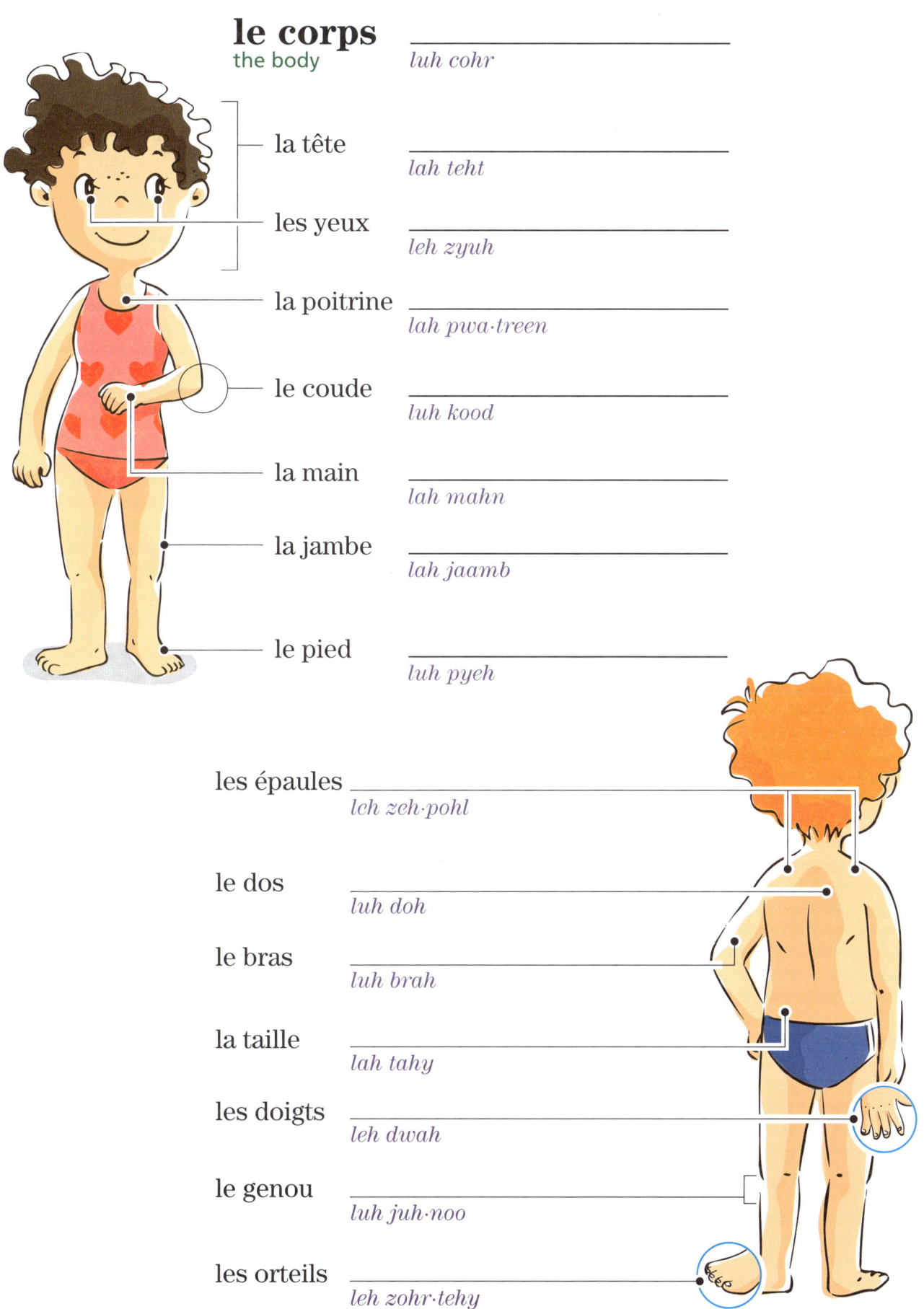

le corps
the body
luh cohr

la tête
lah teht

les yeux
leh zyuh

la poitrine
lah pwa·treen

le coude
luh kood

la main
lah mahn

la jambe
lah jaamb

le pied
luh pyeh

les épaules
leh zeh·pohl

le dos
luh doh

le bras
luh brah

la taille
lah tahy

les doigts
leh dwah

le genou
luh juh·noo

les orteils
leh zohr·tehy

1 Les parties du corps – Body Parts

B. Remplissez les tirets pour écrire le nom des parties du corps.
Fill in the blanks to write the names of different body parts.

1.
   l_ j_ _e

2.
   l_ c_ _d_

3.
   l_s o_e_l_ _s

4.
   l_ n_ _
   l_ _ou_h_

5.
   l_s _our_i_s

   l_ m_i_

6.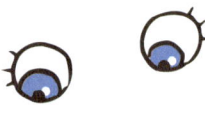
   _es _ _ux

7.
   l_s l_ _re_

8.
   le_ g_ _oux

9.
   _ _s c_ev_ _ _

C. Dessinez la partie du corps qui manque et ensuite écrivez son nom.
Draw the missing part of the body and then write its name.

A _____
B _____
C _____
D _____
E _____
F _____
G _____
H _____

D. Encerclez la partie du corps qui n'appartient pas au groupe.
Circle the part of the body that does not belong to the group.

1. la bouche
   - les lèvres
   - la langue
   - l'orteil
   - les dents
     teeth
     leh daan

2. le visage
   - le nez
   - la joue
   - les sourcils
   - la poitrine

3. la tête
   - les cheveux
   - le doigt
   - le menton
   - la bouche

1 Les parties du corps – Body Parts

Grammar

Les adjectifs possessifs
Possessive Adjectives

Possessing	one object		more than one object	
	f.	m.	m./f.	
Singular (sg.) my / your / his/her	ma / ta / sa	mon / ton / son	mes / tes / ses	les fleurs (f.pl.) **mes** fleurs my flowers
Plural (pl.) our / your / their	notre / votre / leur	notre / votre / leur	nos / vos / leurs	**nos** fleurs our flowers

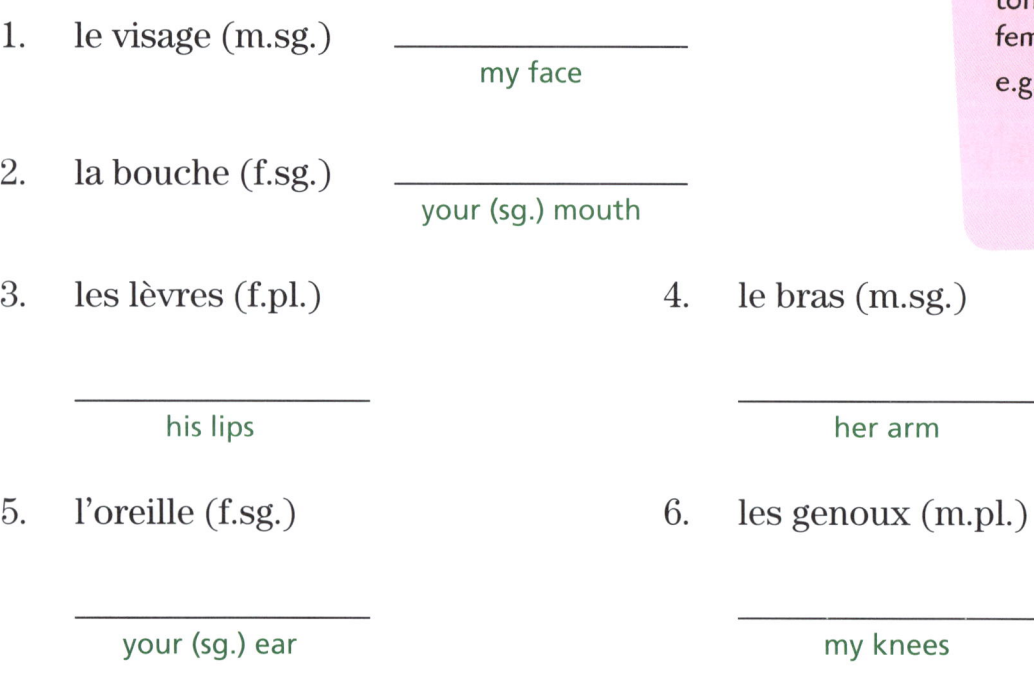

Exception!

When a singular noun starts with a vowel, it always takes "mon/ton/son" even if it is feminine!

e.g. une oreille (f.sg.)
   ~~ma~~ oreille
   mon oreille ✓
   my ear

E. Remplacez les articles par les adjectifs possessifs.
Replace the articles with possessive adjectives.

1. le visage (m.sg.)   _____
   my face

2. la bouche (f.sg.)   _____
   your (sg.) mouth

3. les lèvres (f.pl.)

   _____
   his lips

4. le bras (m.sg.)

   _____
   her arm

5. l'oreille (f.sg.)

   _____
   your (sg.) ear

6. les genoux (m.pl.)

   _____
   my knees

F. Traduisez et utilisez l'expression « Voilà » pour dire à qui les parties du corps appartiennent.
Translate and use the expression "Voilà" to tell to whom the body parts belong.

1. Voilà _____
   my eyes

2. _____
   your elbow

3. _____
   his lips

4. _____
   her cheeks

5. _____
   my hand

6. _____
   my knees

7. _____
   his head

8. _____
   her ears

Unité 2 : Les activités quotidiennes

Daily Activities

Vocabulary: Words related to daily activities
Grammar: Present tense of "-ER" verbs
Expressions: « Aimer » + infinitive

Nous aimons regarder le chien!
noo zeh·mohn ruh·gahr·deh luh shyahn
We like watching the dog!

A. Copiez les mots.
Copy the words.

aimer — to like
eh·meh

marcher — to walk
mahr·sheh

regarder — to look/watch
ruh·gahr·deh

penser — to think
paan·seh

dessiner — to draw
deh·see·neh

pleurer — to cry
pluh·reh

rêver — to dream
reh·veh

manger — to eat
maan·jeh

sommeiller — to nap
soh·meh·yeh

Grade 5

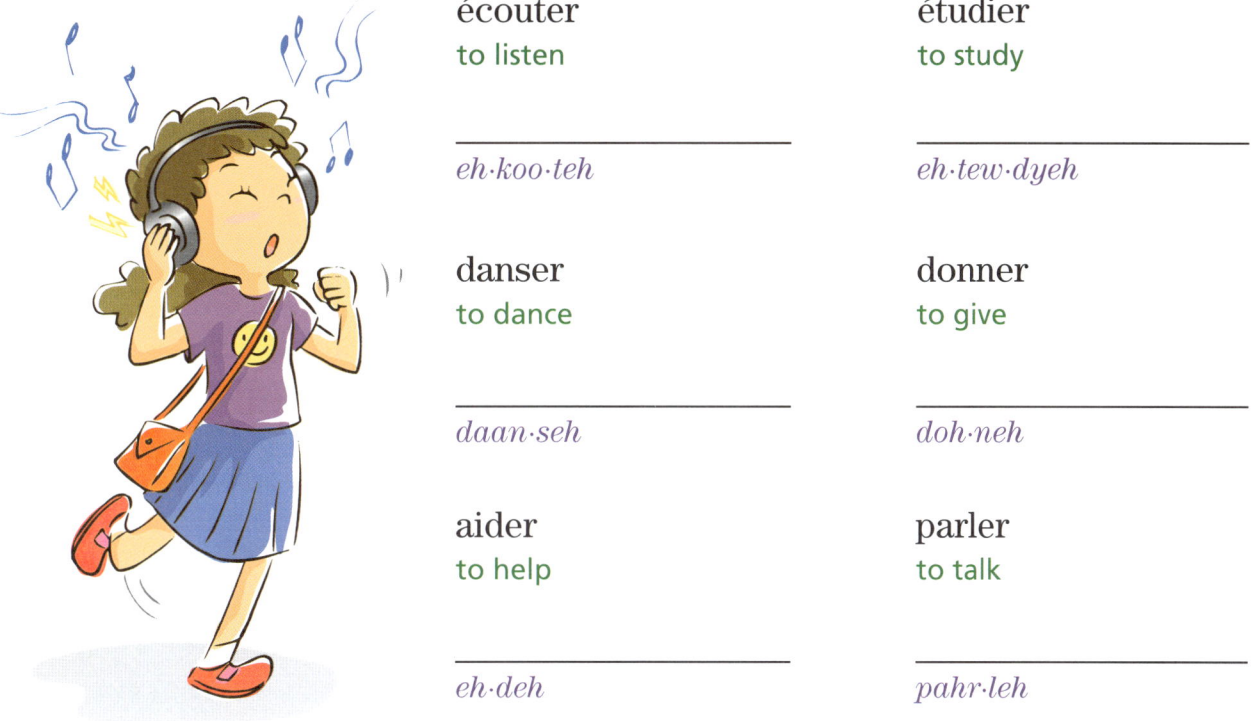

écouter
to listen
_____
eh·koo·teh

danser
to dance
_____
daan·seh

aider
to help
_____
eh·deh

étudier
to study
_____
eh·tew·dyeh

donner
to give
_____
doh·neh

parler
to talk
_____
pahr·leh

B. Écrivez la lettre correspondante devant le verbe.
Write the corresponding letter in front of the verb.

○ **regarder**

○ **dessiner**

○ **étudier**

○ **manger**

○ **parler**

Complete FrenchSmart • Grade 5   11

2 Les activités quotidiennes – Daily Activities

Grammar

Les pronoms repris
Pronouns Revised

Replace the subject of the sentence with the correct personal subject pronoun to decide which verb ending to use.

e.g. Mon chien (m.sg.)
→ il (m.sg.)

Marie et Pierre (m.pl.)
→ ils (m.pl.)

	Noun	Pronoun
masculine	singular	il
	plural	ils
feminine	singular	elle
	plural	elles
moi et (another person)		nous
toi et (another person)		vous

C. Remplacez les noms par le bon pronom sujet.

Replace the nouns with the correct subject pronoun.

il   ils   nous   vous   elle   elles

1.

   tes cousins et toi
   your cousins and you
   _____

2.

   les hommes
   lehz·ohm
   the men
   _____

3.

   mon amie et moi
   my friend and me
   _____

4.

   les filles
   leh feey
   the girls
   _____

Les verbes du 1er groupe
Verbs of the 1st Group

Some infinitives end in "-ER". These belong to the 1st group of verbs.

"-ER" verb endings		e.g. infinitive: aimer	
Je	-e	J'	aime
Tu	-es	Tu	aimes
Il/Elle	-e	Il/Elle	aime
Nous	-ons	Nous	aimons
Vous	-ez	Vous	aimez
Ils/Elles	-ent	Ils/Elles	aiment

D. Écrivez la bonne forme du verbe.
Write the correct form of the verb.

1. Vous _____ .
   étudier

2. Elles _____ .
   aider

3. Je _____ .
   parler

4. Tu _____ .
   regarder

5. Ils _____ .
   pleurer

6. Nous _____ .
   rêver

7. Elle _____ .
   écouter

8. Il _____ .
   penser

2 Les activités quotidiennes – Daily Activities

E. Écrivez la bonne forme du verbe.
Write the correct form of the verb.

nager

penser

marcher

parler

pleurer

danser

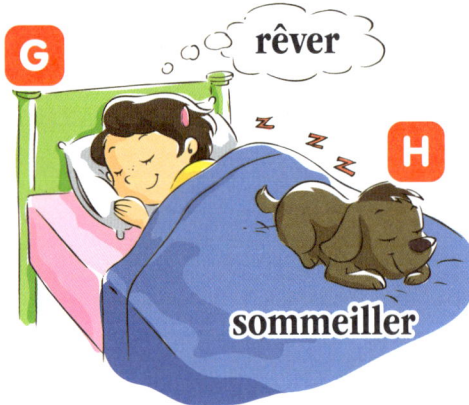
rêver / sommeiller

écouter

manger

A Jean _____ .

B L'étudiante _____ .

C Ma mère et moi _____ .

D Les cousins _____ .

E Le bébé _____ .

F Marie et son chien _____ .

G Lucie _____ .

H Le chien _____ .

I La fille _____ .

J Le garçon _____ .

Expressions

En anglais :
In English

"I like...V-ing"

En français :
In French

« J'aime + infinitif »

F. Construisez des phrases avec les mots donnés. Utilisez la construction « aimer + infinitif ».

Make sentences with the given words. Use the construction "aimer + infinitif".

1. Tu / aimer / danser

   Tu aimes _____ .

2. Je / aimer / dessiner / des tigres

   _____

3. Sophie / aimer / rêver / la nuit

   _____

4. Nous / aimer / parler

   _____

5. Vous / aimer / étudier / le français

   _____

6. Ils / aimer / manger / leurs légumes

   _____

Unité 3: Les accessoires

Accessories

Vocabulary: Words related to clothing and accessories

Grammar: « Porter » in the present tense

Review: Singular and plural nouns

Elle porte des lunettes!
ehl pohrt deh lew·neht
She is wearing glasses!

A. Copiez les mots.
Copy the words.

Les accessoires
leh zahk·seh·swahr

les lunettes
leh lew·neht

un collier
euhn coh·lyeh

une montre
ewn mohntr

un sac à main
euhn sahk ah mahn

les chaussures
leh shoh·sewr

une écharpe
ewn eh·shahrp

une bague
ewn bahg

un bracelet
euhn brahs·leh

un bouton
euhn boo·tohn

une brosse à cheveux
ewn brohs ah shuh·vuh

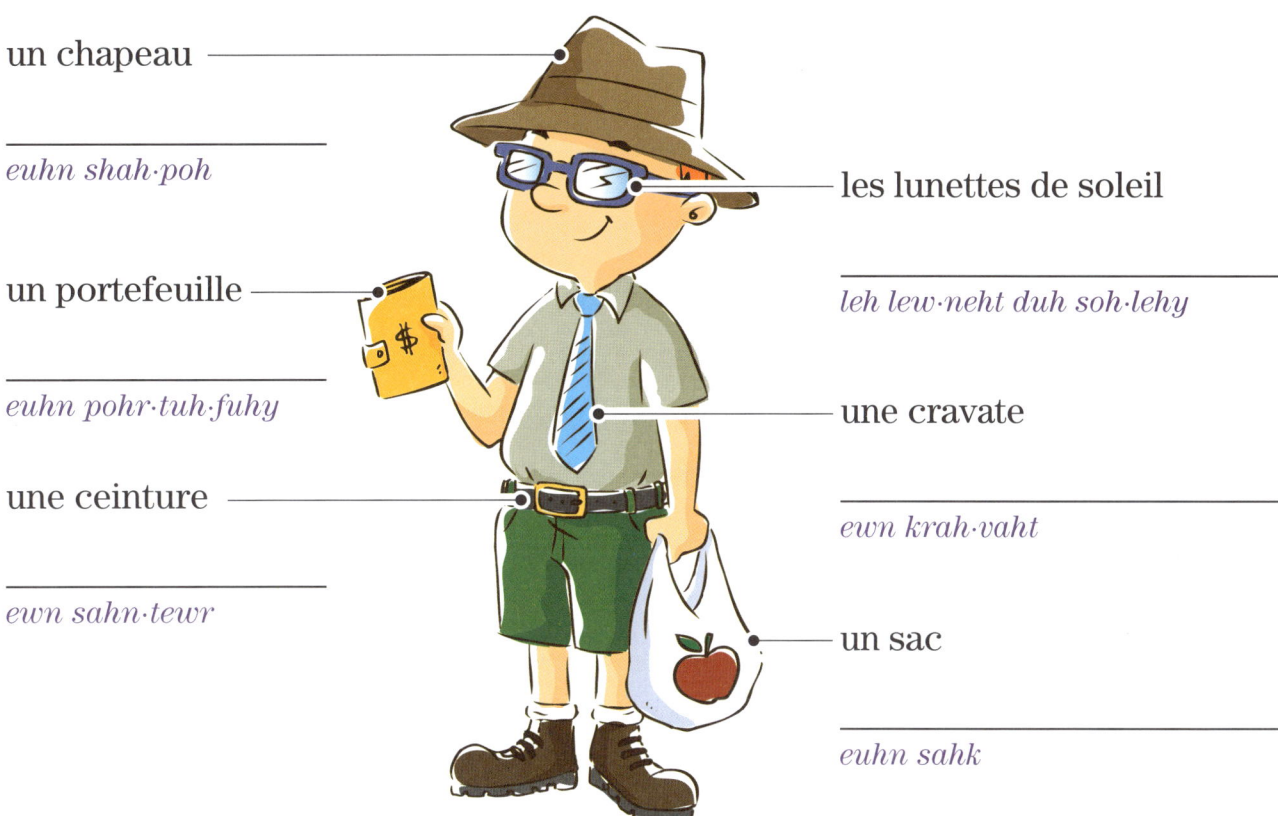

un chapeau
_____
euhn shah·poh

un portefeuille
_____
euhn pohr·tuh·fuhy

une ceinture
_____
ewn sahn·tewr

les lunettes de soleil
_____
leh lew·neht duh soh·lehy

une cravate
_____
ewn krah·vaht

un sac
_____
euhn sahk

B. Mettez les lettres dans le bon ordre.
Put the letters in the correct order.

1.
_____

2.
_____

3.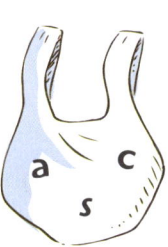
_____

4.
_____

5.
_____   _____

3 Les accessoires – Accessories

C. Écrivez les lettres dans les bons cercles.
Write the letters in the correct circles.

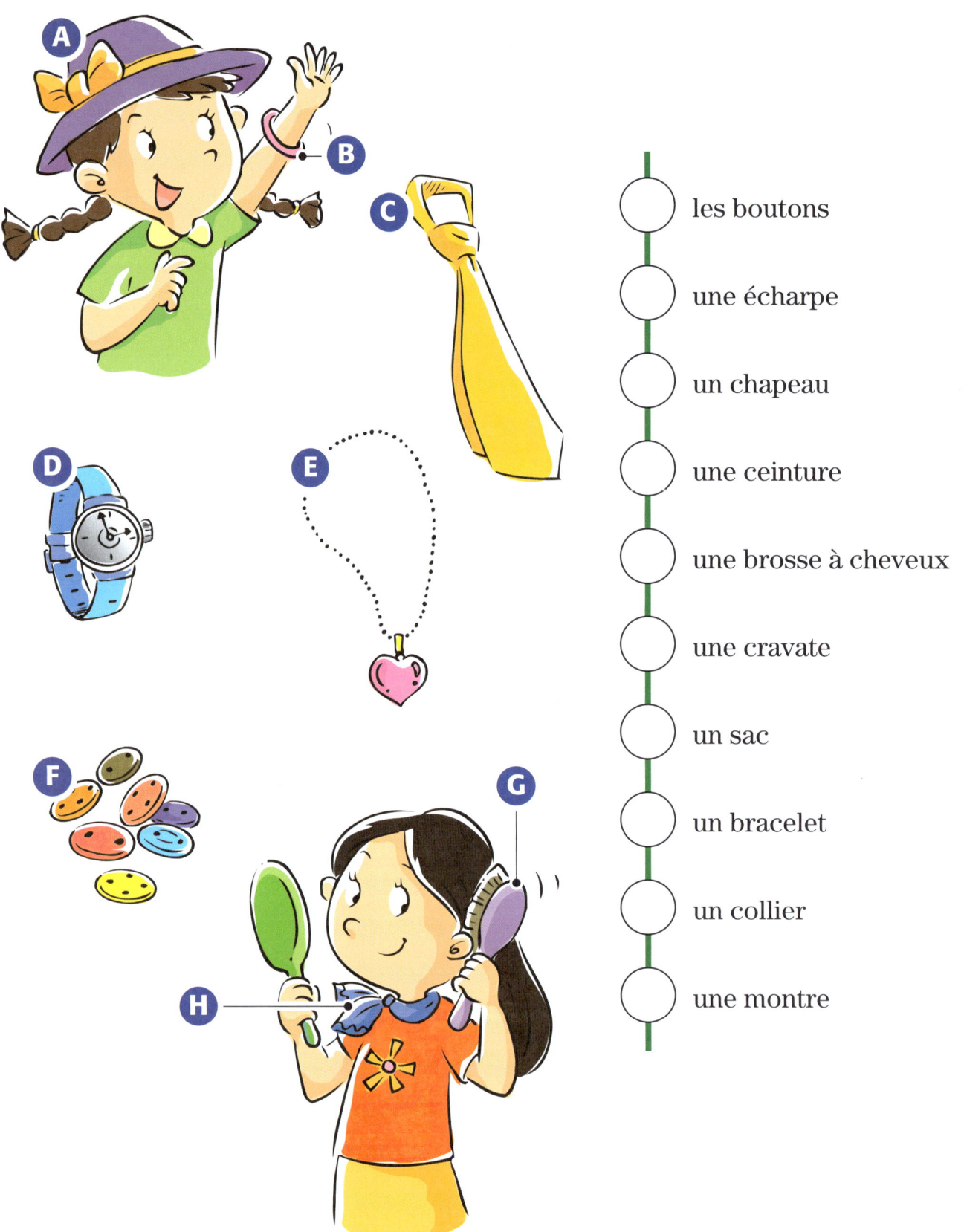

○ les boutons
○ une écharpe
○ un chapeau
○ une ceinture
○ une brosse à cheveux
○ une cravate
○ un sac
○ un bracelet
○ un collier
○ une montre

singulier (sg.) et pluriel (pl.)

Rule:
- singular noun + "-s" = plural noun
- For nouns ending with "-eau" and "-ou", add an "-x".
- If the singular noun ends in "s", it does not change in the plural.
- Change "un/une" to "des" and "le/la" to "les".

e.g.
une ceinture (sg.) → des ceintures (pl.)
 a belt   belts

la ceinture (sg.) → les ceintures (pl.)
 the belt   the belts

un chapeau (sg.) → des chapeaux (pl.)
 a hat   hats

le chapeau (sg.) → les chapeaux (pl.)
 the hat   the hats

D. Donnez le pluriel si le nom est au singulier et le singulier si le nom est au pluriel.

Give the plural of the singular nouns and the singular of the plural nouns.

1. une montre _____

2. un collier _____

3. les bracelets _____

4. l'accessoire _____

5. des sacs _____

6. un chapeau _____

7. une écharpe _____

8. des bagues _____

9. le portefeuille _____

10. des cravates _____

11. la ceinture _____

12. une chaussure _____

3 Les accessoires – Accessories

Grammar

Révision : 1ᵉʳ groupe « -ER »

« Porter » au présent
To wear

singular	plural
Je porte *juh pohrt* I wear/am wearing	Nous portons *noo pohr·tohn* We wear/are wearing
Tu portes *tew pohrt* You wear/are wearing	Vous portez *voo pohr·teh* You wear/are wearing
Il/Elle porte *eel/ehl pohrt* He/She wears/is wearing	Ils/Elles portent *eel/ehl pohrt* They wear/are wearing

*All "-ER" verbs of the first group have the same endings.

Je porte des lunettes de soleil!
juh pohrt deh lew·neht duh soh·lehy
I am wearing sunglasses!

E. **Complétez les phrases avec la bonne forme du verbe « porter ».**
Complete the sentences with the correct form of the verb "porter".

N'oubliez pas!
Don't forget!
Use the plural articles des/les where needed.

1.    Nous portons _____ .

   Elle _____ .

2.    Tu _____ .

   Elles _____ .

3.    Vous _____ .

   Je _____ .

4.    Il _____ .

   Tu _____ .

F. Faites les mots croisés.
Complete the crossword puzzle.

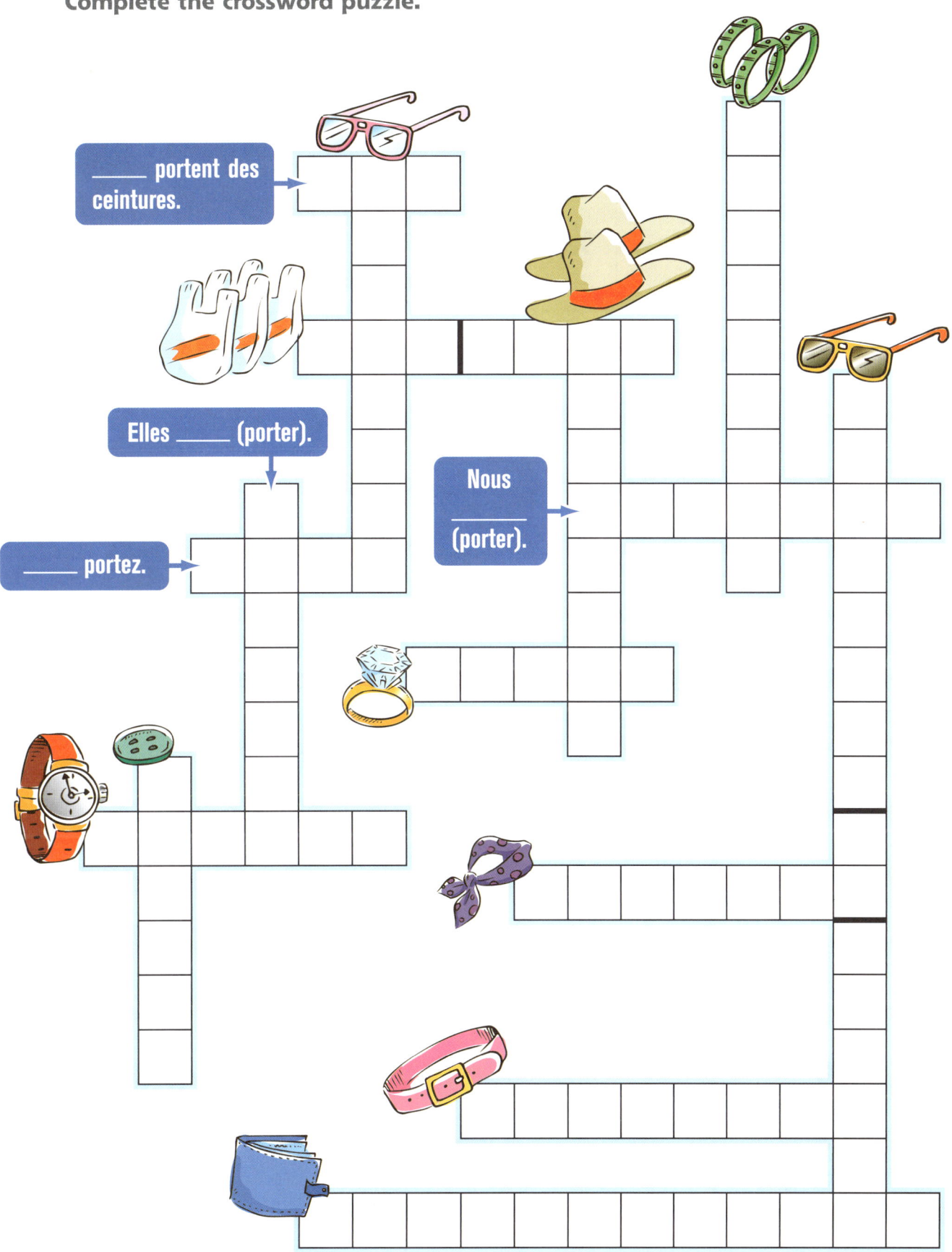

Unité 4: Les émotions

Feelings

Vocabulary: Words that describe feelings

Grammar: Masculine/feminine adjectives related to feelings

Expressions: « Je suis... » "I am..."

Je suis fatigué.
juh swee fah·tee·geh
I am tired.

A. Copiez les mots.
Copy the words.

triste   drôle   timide

_____   _____   _____

treest   *drohl*   *tee·meed*

--- masculine ---   --- feminine ---

heureux   heureuse
_____   _____
uh·ruh   *uh·ruhz*

happy    happy

content   contente
_____   _____
kohn·taan   *kohn·taant*

pleased    pleased

masculine   ## feminine

gentil
jaan·tee
kind

gentille
jaan·teey
kind

fâché
fah·sheh
angry

fâchée
fah·sheh
angry

bored
ennuyé
aan·nwee·yeh

ennuyée
aan·nwee·yeh

bored

excited

excité
ehk·see·teh

excitée
ehk·see·teh

excited

tired

fatigué
fah·tee·geh

fatiguée
fah·tee·geh

tired

effrayé
eh·freh·yeh
scared

effrayée
eh·freh·yeh

scared

4 Les émotions – Feelings

B. Reliez les images aux adjectifs correspondants.
Link the pictures to the corresponding adjectives.

les expressions
leh zehks·preh·syohn
expressions

- effrayée
- excitée
- contente
- triste
- fâchée

C. Dessinez une image pour chacune des phrases suivantes.
Draw a picture for each of the following sentences.

1. Le garçon est triste.

2. La fille est fâchée.

Masculin (m.) ou féminin (f.)?
Masculine or feminine?

In French, adjectives can be one of the two genders: masculine or feminine.

Feminine adjectives usually have an additional "-e" at the end.

e.g. Paul est content (m.). → Marie est content**e** (f.).

Exception!

Some words stay the same.
e.g. triste (m./f.)

D. Mettez les adjectifs dans la bonne colonne selon leur genre.
Put the adjectives in the correct columns according to their gender.

```
gentille    triste    gentil    ennuyé    fâchée
ennuyée    fâché    fatigué    drôle    timide
```

4 Les émotions – Feelings

Grammar

L'accord de l'adjectif avec le sujet
Subject-Adjective Agreement

In French, the subject of the sentence and the adjective describing it must agree in **gender** and **number**.

e.g. **Le chien** est **gentil**. The dog (m.) is nice.
The subject (le chien) and the adjective (gentil) are both masculine and singular.

Les chiennes sont **gentilles**. The dogs (f.) are nice.
The subject (les chiennes) and the adjective describing it (gentilles) are both feminine and plural.

E. Encerclez l'adjectif qui s'accorde avec le sujet dans chaque phrase.
Circle the adjective that agrees with the subject in each sentence.

1. Marie est **heureux / heureuse** .

2. Le chat est **ennuyé / ennuyée** .

3. Ma cousine est **gentille / gentil** .

4. Mon père est **fâché / fâchée** .

5. Les clowns (m.) sont **contents / contentes** .

6. Ma sœur est **excité / excitée** .

7. Notre directrice est **effrayé / effrayée** .

Expressions

En anglais :
In English

"I am _____ ."
       adjective

En français :
In French

« Je suis _____ . »
       adjectif

When using the subject pronoun "Je", the adjective you use to describe yourself must agree with your gender (m./f.).

Je suis fâchée!
juh swee fah·sheh
I am angry!

Je suis heureux!
juh swee uh·ruh
I am happy!

F. Utilisez la bonne forme des adjectifs pour vous décrire vous-même.
Use the correct form of the adjectives to describe yourself.

1. **excité / excitée**

   Je suis _____ .

2. **gentil / gentille**

   Je suis _____ .

3. **content / contente**

   Je suis _____ .

4. **ennuyé / ennuyée**

   Je suis _____ .

5. **heureux / heureuse**

   Je suis _____ .

6. **fâché / fâchée**

   Je suis _____ .

Unité 5

Les fruits et les légumes

Fruits and Vegetables

Vocabulary: Words for fruits and vegetables

Expressions: « C'est... » "It is..."
« Ce sont... » "They are..."

C'est du brocoli.
seh dew broh·koh·lee
It's broccoli.

A. Copiez les mots.
Copy the words.

les fruits (m.)
fruits

_____
leh frwee

 une pomme

_____
ewn pohm

 une banane

_____
ewn bah·nahn

une orange

_____
ewn oh·raanj

 un ananas

_____
euhn ah·nah·nahs

 un raisin

_____
euhn reh·zahn

 une fraise

_____
ewn frehz

 une framboise

_____
ewn fraam·bwahz

 un bleuet

_____
euhn bluh·eh

 une pêche

_____
ewn pehsh

 un melon d'eau

_____
euhn muh·lohn doh

 un kiwi

_____
euhn kee·wee

 un pamplemousse

_____
euhn paam·pluh·moos

les légumes (m.) _____
vegetables   *leh leh·gewm*

une tomate   le brocoli   un concombre

_____   _____   _____

ewn toh·maht   *luh broh·koh·lee* *euhn kohn·kohmbr*

une carotte   le maïs   les petits pois (m.)

_____   _____   _____

ewn kah·roht   *luh mah·eess*   *leh puh·tee pwah*

le champignon   la laitue   le poivron vert

_____   _____   _____

luh shaam·pee·nyohn *lah leh·tew*   *luh pwah·vrohn vehr*

les haricots verts (m.)   une pomme de terre

_____   _____

leh zah·ree·koh vehr   *ewn pohm duh tehr*

B. Écrivez le nom du fruit et du légume que vous aimez le plus.
Write the name of your favourite fruit and vegetable.

mon fruit préféré :   mon légume préféré :

_____   _____

5 Les fruits et les légumes – Fruits and Vegetables

C. **Faites une liste des fruits et des légumes qui se trouvent dans chaque panier.**
Make a list of the fruits and the vegetables that are in each basket.

Dans le panier, il y a…
In the basket, there is…

Les légumes

_____

_____

_____

_____

Les fruits

_____

_____

_____

_____

_____

D. Groupez les fruits et les légumes suivants selon la façon dont ils poussent.
Group the fruits and the vegetables listed below according to the way they grow.

> une carotte   une pêche   un concombre
> une fraise   un kiwi   une pomme de terre
> un champignon   la laitue   une framboise

1. Ceux qui poussent dans les arbres :
   suh kee poos daan lez ahrbr
   Those that grow in trees:

   _____   _____

2. Ceux qui poussent sur la terre :
   suh kee poos sewr lah tehr
   Those that grow above the ground:

   _____

   _____   _____

   _____   _____

3. Ceux qui poussent dans la terre :
   suh kee poos daan lah tehr
   Those that grow below the ground:

   _____   _____

5 Les fruits et les légumes – Fruits and Vegetables

E. Remplissez les tirets à l'aide des images et des mots donnés.
Fill in the blanks with the help of the pictures and the given words.

> tomates   poivrons   carottes   pomme
> fraises   oranges   pommes de terre

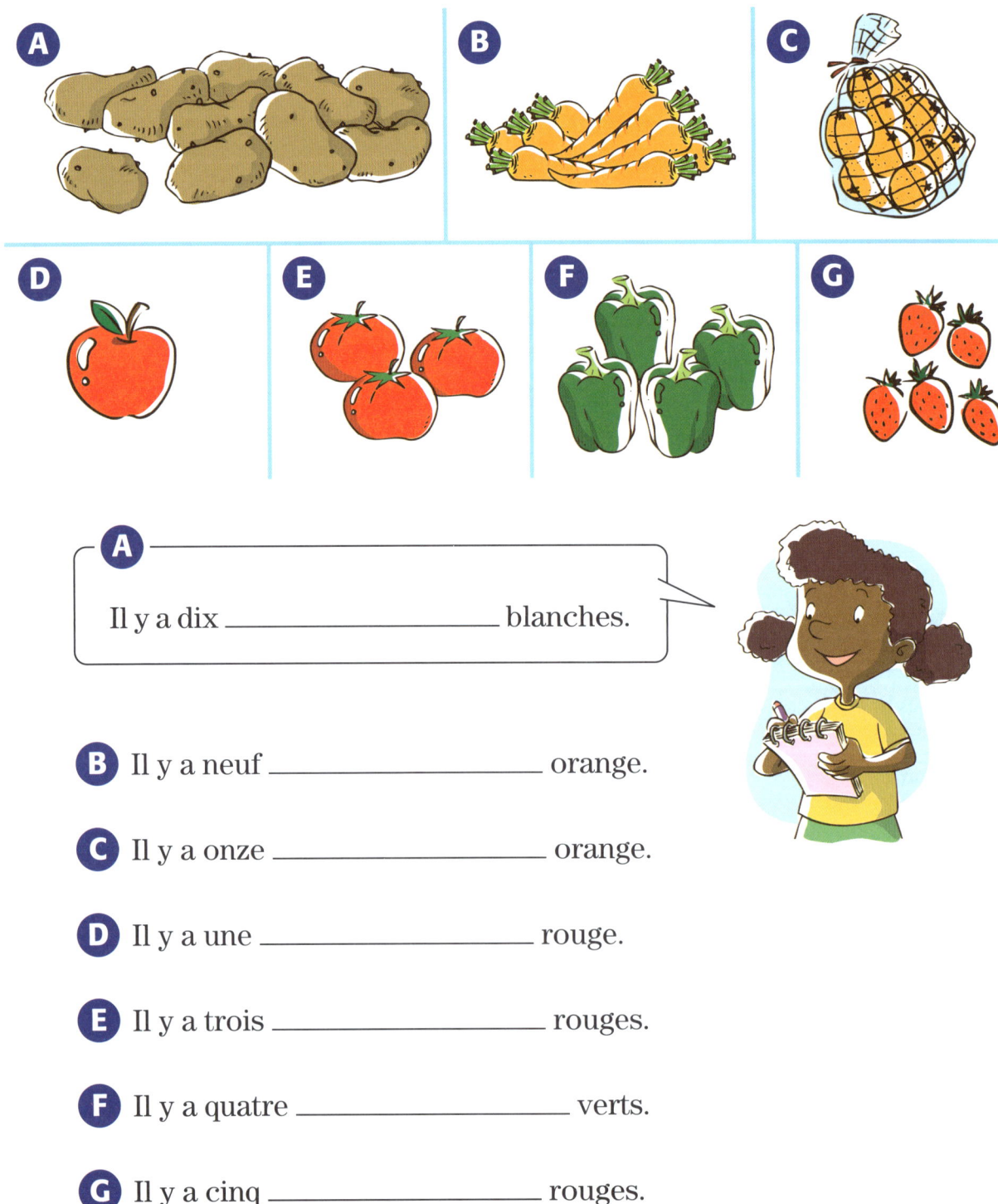

A Il y a dix _____ blanches.

B Il y a neuf _____ orange.

C Il y a onze _____ orange.

D Il y a une _____ rouge.

E Il y a trois _____ rouges.

F Il y a quatre _____ verts.

G Il y a cinq _____ rouges.

Grade 5

En anglais :
In English

"It is…"
"They are…"

En français :
In French

« C'est… »
seh

« Ce sont… »
suh sohn

Attention!
- un/une (sg.) → des (pl.)
  a/an/one   some
- le/la (sg.) → les (pl.)
  the   the
- singular noun + **-s** = plural noun
  e.g. une pomme → des pommes
       an apple   some apples
       singular   plural

F. Écrivez deux phrases pour chaque image.
Write two sentences for each picture.

	Singulier / Singular	Pluriel / Plural

1.  _____ une fraise.   _____ des fraises.

2. _____   _____

3.  _____   _____

4. _____   _____

5.  _____   _____

6. _____   _____

7.  _____   _____

Unité 6: Les produits laitiers

Milk Products

Vocabulary: Words for milk products

Review: Special conjugation of "manger"

Expressions: « Je bois de... »
"I drink/am drinking..."

Je bois du lait!
juh bwah dew leh
I am drinking milk!

A. Copiez les mots.
Copy the words.

Les produits laitiers (m.)
Milk Products
_____
leh proh·dwee leh·tyeh

A le lait *luh leh*
_____

B le beurre *luh buhr*
_____

C la crème glacée *lah krehm glah·seh*
_____

D la crème fouettée *lah krehm fweh·teh*
_____

E le fromage *luh froh·mahj*
_____

F le lait au chocolat *luh leh oh shoh·koh·lah*
_____

G le yogourt *luh yoh·goort*
_____

34   Complete FrenchSmart • Grade 5

B. Mettez les lettres dans le bon ordre.
   Put the letters in the correct order.

1.  _____

2.  _____

3.  _____

4.  _____

5.  _____

6.  _____

C. Remplissez les tirets et trouvez le mot mystère.
   Fill in the blanks and find the mystery word.

c__ __m__ g__ a__ é__

__r__m__ge

__a__t au ch__c__ __a__

__ __g__u__ __

Le mot mystère est

_____

6 Les produits laitiers – Milk Products

D. Reliez les mots anglais aux mots français correspondants.
Match the English words with the corresponding French words.

Milk Products

- whipped cream
- chocolate milk
- cheese
- butter
- yogourt

Les produits laitiers

- le fromage
- le lait au chocolat
- la crème fouettée
- le yogourt
- le beurre

E. Donnez le nom du produit laitier que l'on mange avec l'aliment indiqué.
Write the name of a milk product that is eaten with the following food.

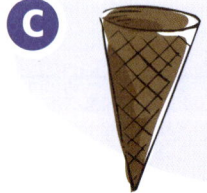

A _____
B _____
C _____
D _____

An Irregular "-ER" Verb

« Manger » au présent
To eat

Nous mang-er → mang- → mang-e-ons
All other forms of manger are regular!

singular	plural
Je mange	Nous mangeons
Tu manges	Vous mangez
Il/Elle mange	Ils/Elles mangent

du, de la, de l' = some

In French, when you say you are eating something **uncountable** (like milk products), "de" comes before the noun and it means "some".

e.g. Je mange de la crème fouettée.
I am eating **some** whipped cream.

but: Je mange la **pomme**.
I am eating **the** apple.

Remember: de + le = du

de + le
Je mange du fromage.
I am eating some cheese.

F. **Construisez des phrases avec la bonne forme du verbe « manger » suivie de « du/de la ».**
Make sentences with the correct form of the verb "manger" followed by "du/de la".

1. (tu) (manger) (le beurre)

   _____

2. (nous) (manger) (la crème fouettée)

   _____

3. (je) (manger) (la crème glacée)

   _____

4. (il) (manger) (le yogourt)

   _____

6 Les produits laitiers – Milk Products

G. Trouvez les mots cachés dans la grille.
Find the words in the word search.

crème fouettée   lait fouetté   chocolat chaud
                 milkshake   hot chocolate

yogourt   lait au chocolat   fromage   crème glacée   beurre

c	r	è	m	e	f	o	u	e	t	t	é	e	u	g
f	h	c	h	o	c	o	l	a	t	c	h	a	u	d
r	c	r	è	m	e	g	l	a	c	é	e	f	k	y
o	t	d	v	c	j	l	s	q	r	b	x	z	é	j
m	l	a	i	t	a	u	c	h	o	c	o	l	a	t
a	t	k	i	û	é	o	k	s	e	b	v	n	m	l
g	e	l	a	i	t	f	o	u	e	t	t	é	l	n
e	p	n	m	u	c	v	b	e	u	r	r	e	p	
o	r	h	j	n	y	o	g	o	u	r	t	é		

En anglais : In English	En français : In French
"I drink/am drinking…"	« Je bois… » *juh bwah*

le lait

Je bois du lait.
juh bwah dew leh
I am drinking some milk!

Note: Just like "eating", when you say you are drinking something uncountable, you must use **"du, de la, de l'"** before the noun.

e.g. Je bois **du** jus.
I am drinking **some** juice.

H. Construisez des phrases avec l'expression « Je bois du/de la… ».
Make sentences with the expression "Je bois du/de la…".

1.  **le lait fouetté**
luh leh fweh·teh
milkshake
_____

2.  **le lait au chocolat**
luh leh oh shoh·koh·lah
chocolate milk
_____

3. **le chocolat chaud**
luh shoh·koh·lah shoh
hot chocolate
_____

4.  **la soupe**
lah soop
soup
_____

Unité 7 : Les viandes et les substituts

Meat and Alternatives

Vocabulary: Words for meat and alternatives

Grammar: Quel/Quels, Quelle/Quelles

Expressions: « Quel...préférez-vous? »
"Which...do you prefer?"

Quel groupe alimentaire préférez-vous?
kehl groop ah·lee·maan·tehr preh·feh·reh voo
Which food group do you prefer?

A. Copiez les mots.
Copy the words.

Les viandes
meat

leh vee·aand

La volaille	Les fruits de mer (m.)	Les viandes rouges (f.)
poultry	seafood	red meat
lah voh·lahy	*leh frwee duh mehr*	*leh vee·aand rooj*
le poulet	le poisson	le bœuf
chicken	fish	beef
luh poo·leh	*luh pwah·sohn*	*luh buhf*
le canard	une moule	l'agneau (m.)
duck	a mussel	lamb
luh kah·nahr	*ewn mool*	*lah·nyoh*
la dinde	la crevette	le porc
turkey	shrimp	pork
lah dahnd	*lah kruh·vet*	*luh pohr*

Les substituts (m.)
alternatives

leh sewb·stee·tew

Les noix (f.)
nuts

_____
leh nwah

l'arachide (f.)
peanut

_____
lah·rah·sheed

l'amande (f.)
almond

_____
lah·maand

le cajou
cashew

_____
luh kah·joo

la pacane
pecan

_____
lah pah·kahn

Les fèves (f.)
beans

_____
leh fehv

les lentilles (f.)
lentils

_____
leh laan·teey

le soja
soybean

_____
luh soh·jah

le haricot de Lima
lima bean

_____
luh ah·ree·koh duh lee·mah

les fèves jaunes (f.)
wax beans

_____
leh fehv john

l'œuf (m.)
egg

_____
luhf

le beurre d'arachide
peanut butter

_____
luh buhr dah·rah·sheed

le houmous
hummus

_____
luh oo·moos

le tofu
tofu

_____
luh toh·foo

les produits laitiers (m.)
milk products

_____
leh proh·dwee leh·tyeh

B.   Écrivez votre nourriture favorite pour chaque groupe alimentaire.
Write your favourite food from each food group.

La volaille	Les fruits de mer	Les viandes rouges

7 Les viandes et les substituts – Meat and Alternatives

C. Encerclez le mot qui n'appartient pas au groupe.
Circle the word that does not belong to the group.

1.
   - les fèves jaunes
   - les haricots
   - le bœuf
   - le soja

2.
   - le poulet
   - la dinde
   - la crevette
   - le canard

3.
   - le poisson
   - l'amande
   - les moules
   - la crevette

4.
   - le houmous
   - le bœuf

   - l'agneau
   - le porc

5.
   - la viande rouge
   - les fruits de mer
   - la volaille
   - l'œuf

6.
   - le poulet
   - le poisson

   - l'agneau
   - l'arachide

D. Écrivez le nom du groupe alimentaire auquel chaque animal appartient.
Write the name of the food group to which each animal belongs.

1. le porc _____

2. la dinde _____

3. une moule _____

Grade 5

E. Écrivez le nom des aliments représentés dans les images.
Write the names of the food in the pictures.

A : _____

B : _____

C : _____

D : _____

E : _____

F : _____

G : _____

H : _____

I : _____

J : _____

K : _____

7 Les viandes et les substituts – Meat and Alternatives

Les adjectifs interrogatifs
Interrogative Adjectives

Quel/Quels vs. Quelle/Quelles

Quel?
kehl
Which?

In French, when you want to know which one or what thing, you use *quel*. Its form changes according to the number and the gender of the noun.

The different forms of the interrogative adjective:

masculine (m.)	singular (sg.)	quel
	plural (pl.)	quels
feminine (f.)	singular (sg.)	quelle
	plural (pl.)	quelles

The interrogative adjective must agree in **number (sg./pl.)** and **gender (m./f.)** with the noun that follows it.

e.g. **Quel** garçon? (m.sg.)
Which boy?

Quelles filles? (f.pl.)
Which girls?

Quelle viande?
kehl vee·aand
Which meat?

F. Encerclez ou écrivez la bonne forme de l'adjectif interrogatif.
Circle or write the correct form of the interrogative adjective.

1. **Quel / Quels** poulet (m.sg.)?

2. **Quelle / Quelles** moules (f.pl.)?

3. **Quel / Quelle** crevette (f.sg.)?

4. **Quelle / Quel** noix (f.sg.)?

5. _____ œuf (m.sg.)?

6. _____ lentilles (f.pl.)?

7. _____ fève (f.sg.)?

8. _____ poissons (m.pl.)?

9. _____ pacanes (f.pl.)?

10. _____ arachides (f.pl.)?

Expressions

En anglais :
In English

"Which/what...do you prefer?"

En français :
In French

« Quel...préférez-vous? »
kehl...preh·feh·reh voo

Quelle noix préférez-vous?
kehl nwah preh·feh·reh voo
Which nut do you prefer?

G. Complétez les expressions en utilisant la bonne forme de l'adjectif interrogatif « quel ».

Complete the expressions using the correct form of the interrogative adjective "quel".

1. Q__ __l bo__ __f préférez-vous?
   (beef m.sg.)

2. _____ préférez-vous?
   (pork m.sg.)

Remember, the interrogative adjective "Quel" must agree in gender and number with the noun!

3. _____ préférez-vous?
   (peanut f.sg.)

4. _____
   (almonds f.pl.)

5. _____
   (seafood m.pl.)

Unité 8 : Les céréales

Grains

Vocabulary: Words related to cereal grains

Grammar: Agreement of partitive articles: du, de la, de l', des
"-GER" verbs of the first group

Miam! Je mange des crêpes!
myahm juh maanj deh krehp
Mmmm! I'm eating pancakes!

A. Copiez les mots.
Copy the words.

les grains (m.) grains	**le maïs** maize	**le blé** wheat
leh grehn	*luh mah·eess*	*luh bleh*
le riz rice	**les pâtes (f.)** pasta	**le gruau** oatmeal
luh ree	*leh paht*	*luh grew·oh*
le pain bread	**les crêpes (f.)** pancakes	**les gaufres (f.)** waffles
luh pahn	*leh krehp*	*leh gohfr*
les craquelins (m.) crackers	**le maïs soufflé** popcorn	
leh krah·klahn	*luh mah·ees soo·fleh*	

46   Complete FrenchSmart • Grade 5

B. Écrivez le nom de l'aliment.
Write the name of the food.

1. _____
2. _____
3. _____
4. _____
5. _____
6. _____

7.
- A _____
- B _____
- C _____

C. Quels produits préférez-vous? Cochez vos réponses.
Which food items do you prefer? Check your answers.

○ les pâtes   ○ les craquelins   ○ le maïs soufflé
○ le pain   ○ les gaufres   ○ les crêpes

8 Les céréales – Grains

D. Choisissez deux aliments que vous mangez à chaque repas. Ensuite construisez une phrase avec « Je mange (de)… ».

Choose two things that you would eat at each meal. Then make a sentence with "Je mange (de)…".

les crêpes   les gaufres
les craquelins   le maïs
le pain   le riz
le gruau   le maïs soufflé

Remember:
Manger + de + uncountable noun

le déjeuner
breakfast

le dîner
lunch

le souper
dinner

Je mange _____

_____ .

_____

_____

_____

_____

E. Qu'est-ce que chaque enfant mange? Complétez les phrases.

What is each child eating? Complete the sentences.

Au déjeuner je mange _____ .
For breakfast, I eat some crackers.

Au dîner je mange _____ .
For lunch, I eat some bread.

Au souper je mange _____ .
For dinner, I eat some rice.

Grade 5

L'accord des articles partitifs
Agreement of Partitive Articles

There are three partitive articles in French that introduce nouns: **du, de la,** and **des**. They mean "some" in English.

du — masculine, singular nouns
  e.g. Je mange du maïs (m.sg.).
  I'm eating **some** maize.

de la — feminine, singular nouns
  e.g. Je mange de la crème glacée (f.sg.).
  I'm eating **some** ice cream.

des — masculine or feminine, plural nouns
  e.g. Je mange des crêpes.
  I'm eating **some** pancakes.

N'oubliez pas!
Don't forget!

"Du" and "de la" become **"de l'"** in front of nouns that start with a vowel or a silent "h".

e.g. Je mange **de l'**ananas (m.sg.).
  I'm eating **some** pineapple.

F. Remplissez les tirets avec le bon article partitif.
Fill in the blanks with the correct partitive articles.

1. Je mange _____ céréales. (f.pl.)

2. Je bois _____ chocolat chaud. (m.sg.)

3. Je mange _____ agneau. (m.sg.)

4. Je bois _____ lait au chocolat. (m.sg.)

5. Je mange _____ lentilles. (f.pl.)

6. Je mange _____ quinoa. (m.sg.)

7. Je mange _____ œufs. (m.pl.)

8. Je mange _____ laitue. (f.sg.)

8 Les céréales – Grains

Grammar

Irregular Verbs of the 1st Group
Verbs Ending in "-GER"

Verbs ending in "**-GER**" belong to the first group and have the same endings as any other "-ER" verb except in the **first person plural**.

singular	plural
-ge	-geons
-ges	-gez
-ge	-gent

"-GER" verbs:

manger   to eat
maan·jeh

nager   to swim
nah·jeh

partager   to share
par·tah·jeh

arranger   to arrange
ah·raan·jeh

changer   to change
shaan·jeh

Nous partageons des craquelins.
noo par·tah·john deh krah·klahn
We are sharing some crackers.

G. Complétez les phrases avec la bonne forme du verbe donné. Ensuite traduisez en anglais.

Complete the sentences with the correct form of the given verbs. Then translate the sentences into English.

en français   **en anglais**

1. Vous _____ dans la piscine. _____
   (nager)

2. Nous _____ nos papiers. _____
   (arranger)

3. Ils _____ leurs chaussures. _____
   (changer)

4. Tu _____ de la dinde. _____
   (manger)

5. Nous _____ des biscuits. _____
   (partager)

6. Elle _____ du pain. _____
   (manger)

H. Faites une phrase pour chacune des images. Utilisez le verbe « manger » avec la bonne forme de l'article partitif.

Make a sentence for each of the pictures. Use the verb "manger" with the correct form of the partitive article.

A   Le garçon mange du _____ .

B   _____

C   _____

D   _____

E   _____

F   _____

La révision 1

La révision
- Les parties du corps
- Les activités quotidiennes
- Les accessoires
- Les émotions
- Les fruits et les légumes
- Les produits laitiers
- Les viandes et les substituts
- Les céréales

A. Encerclez la bonne réponse.
Circle the correct answer.

1. 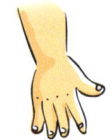 Je porte _____ .
   A. un collier   B. une écharpe   C. des lunettes

2.  Voilà _____ .
   A. mes yeux   B. mes doigts   C. mon visage

3.  Le chat _____ .
   A. sommeillent   B. dessine   C. sommeille

4.  La fille est _____ .
   A. contente   B. gentil   C. fatiguée

5.  _____ pousse sous la terre.
   A. La carotte   B. La fraise   C. Les raisins

6.  Je mange _____ .
   A. pain   B. du pain   C. le lait

7. _____ est un produit laitier.

   A. Le maïs   B. La crème glacée   C. L'œuf

8. Ce sont _____ dents.

   A. ta   B. notre   C. ses

9. Je _____ avec mes yeux.

   A. dansent   B. pense   C. regarde

10. Je bois _____ au déjeuner.

    A. du lait   B. du canard   C. des crevettes

11. _____ bague (f.) préférez-vous?

    A. Quels   B. La   C. Quelle

12. Un homme a deux _____ et dix _____ .

    A. yeux; cheveux   B. épaules; orteils   C. doigts; jambes

13. _____ est vert.

    A. La tomate   B. La fraise   C. Le concombre

14. _____ est un fruit de mer.

    A. Les pâtes   B. Le gruau   C. Le poisson

15. _____ et heureux sont des synonymes.

    A. Content   B. Fatiguée   C. Effrayé

16. Nous _____ à l'école.

    A. rêvons   B. dansons   C. étudions

La révision 1 – Revision 1

B. Remplissez les tirets pour écrire le nom des objets.
Fill in the blanks to write the names of the objects.

- **A** l_s s_ _r_ _l_
- **B** s_n _ _ _l
- **C** le_ c_ _v_ _ _
- **D** u_ _ _on_ _ _
- **E** l_ ba_ _ _
- **F** _n br_ _ _let
- **G** l_ f_ _m_ _ _
- **H** l_ r_ _
- **I** l_ _ _i_ _e
- **J** l_ p_ _l_ _
- **K** un _ _ _ _ _ _
- **L** _'_r_n_ _
- **M** un _ _ _s_n
- **N** u_ _ g_ _fr_
- **O** l_ cr_m_ fo_ _t_é_
- **P** l_s _e_ _s
- **Q** l_ _ b_ _c_ _t_

C. Mettez la bonne lettre dans le cercle.
Put the correct letter in the circle.

Tu...

J'aime...

Il porte...

J'écoute avec...

Voilà ma...

Alice est...

Paul est...

Julie et moi,...

Nous mangeons...

Une pomme pousse...

Le pluriel d'« un chapeau » est...

- **A** danser.
- **B** nous étudions.
- **C** des lunettes.
- **D** gentille.
- **E** pleures.
- **F** des chapeaux.
- **G** heureux.
- **H** mes oreilles.
- **I** de la crème glacée.
- **J** dans l'arbre.
- **K** sœur.

La révision 1 – Revision 1

D. Écrivez la bonne lettre dans le cercle et complétez l'expression.
Write the correct letter in the circle and complete the expression.

1. Voilà mes chaussures! ○

   A   **B**    **C**

2. La chienne est _____ . ○

   A content   **B** fatiguée    **C** drôle

3. Ce sont _____ . ○

   A une carotte   **B** des fraises    **C** une fraise

4. Je bois _____ . ○

   A du lait au chocolat   **B** une pomme    **C** le lait au chocolat

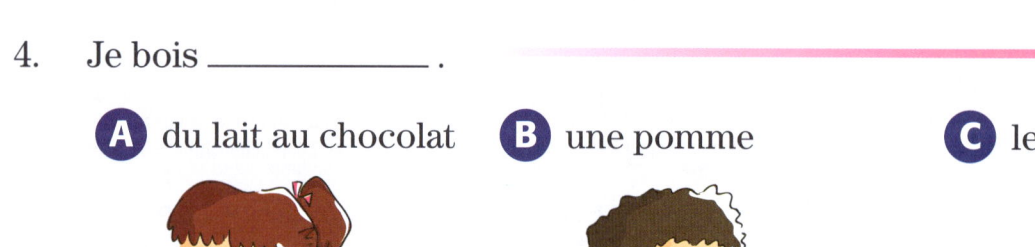

5. Quelle _____ préférez-vous?

   A saison (f.)   B fruit (m.)   C sport (m.)

6. Nous aimons _____ .

   A dansons   B parler   C étudies

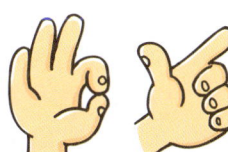

7. un œil x 6 = _____ .

   A six sourcils   B 10 doigts   C six yeux

8. Tu portes tes _____ .

   A pommes   B bague   C lunettes de soleil

Unité 9 : Les nombres : de 1 à 69

Numbers: 1 to 69

Vocabulary: Numbers: 1 to 69

Expressions: « ...est plus grand/plus petit que... »
"...is bigger/smaller than..."

Un est plus grand que deux!
euhn eh plew graan kuh duh
One is bigger than two!

A. Copiez les mots et remplissez les tirets où nécessaire.
Copy the words and fill in the blanks where necessary.

un 1	six 6	onze 11	seize 16
_____	_____	_____	_____
euhn	*seess*	*ohnz*	*sehz*
deux 2	sept 7	douze 12	dix-sept 17
_____	_____	_____	_____
duh	*seht*	*dooz*	*dees·seht*
trois 3	huit 8	treize 13	dix-huit 18
_____	_____	_____	_____
trwah	*weet*	*trehz*	*deez·weet*
quatre 4	neuf 9	quatorze 14	dix-neuf 19
_____	_____	_____	_____
kahtr	*nuh*	*kah·tohrz*	*deez·nuhf*
cinq 5	dix 10	quinze 15	vingt 20
_____	_____	_____	_____
sahnk	*deess*	*kahnz*	*vahn*

20 vingt
_____
vahn

vingt et u__
21 *vahn teh euhn*

vingt-de__x
22 *vahnt·duh*

vingt-tr__ __s
23 *vahnt·trwah*

vingt-q__ __tr__
24 *vahnt·kahtr*

vingt-c__ __ __
25 *vahnt·sahnk*

vingt-s__ __
26 *vahnt·seess*

vingt-s__ __t
27 *vahnt·seht*

vingt-h__ __t
28 *vahnt·weet*

vingt-__ __ __f
29 *vahnt·nuhf*

Grade 5

Follow the same format as the 20's for numbers 30 to 69. Just replace "vingt" with "trente, quarante, cinquante, soixante".

30 trente
traant

trente et _____
31 *traant eh euhn*   32 *traant duh*   33 *traant trwah*
34 *traant kahtr*   35 *traant sahnk*   36 *traant seess*
37 *traant seht*   38 *traant weet*   39 *traant nuhf*

40 quarante
kah·raant

quarante _____
41 *kah·raant eh euhn*   42 *kah·raant duh*   43 *kah·raant trwah*
44 *kah·raant kahtr*   45 *kah·raant sahnk*   46 *kah·raant seess*
47 *kah·raant seht*   48 *kah·raant weet*   49 *kah·raant nuhf*

50 cinquante
sahn·kaant

cinquante _____
51 *sahn·kaant eh euhn*   52 *sahn·kaant duh*   53 *sahn·kaant trwah*
54 *sahn·kaant kahtr*   55 *sahn·kaant sahnk*   56 *sahn·kaant seess*
57 *sahn·kaant seht*   58 *sahn·kaant weet*   59 *sahn·kaant nuhf*

60 soixante
swah·saant

soixante _____
61 *swah·saant eh euhn*   62 *swah·saant duh*   63 *swah·saant trwah*
64 *swah·saant kahtr*   65 *swah·saant sahnk*   66 *swah·saant seess*
67 *swah·saant seht*   68 *swah·saant weet*   69 *swah·saant nuhf*

9 Les nombres : de 1 à 69 – Numbers: 1 to 69

B. Remettez les nombres à la bonne place.
Put the numbers in the correct place.

---

vingt-cinq   dix   cinquante-huit   trente-quatre
quarante   vingt-deux   cinquante-neuf   trente
cinquante et un   seize   quarante-six   soixante-six

C. Écrivez les nombres qui manquent.
Write the missing numbers.

1. treize
   quatorze
   ☐
   seize

2. dix
   vingt
   trente
   ☐

3. ☐
   six
   sept
   huit

4. cinquante-quatre
   cinquante-cinq
   cinquante-six
   ☐
   ☐

5.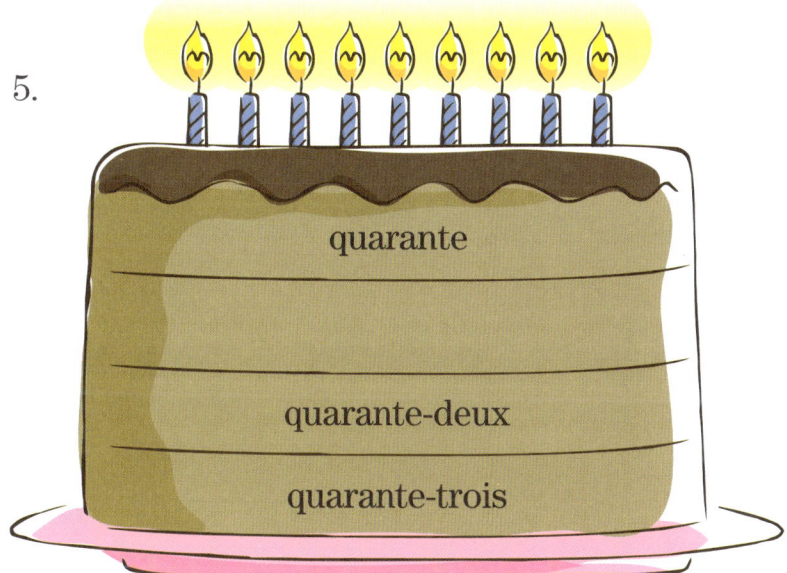
   quarante
   quarante-deux
   quarante-trois

6.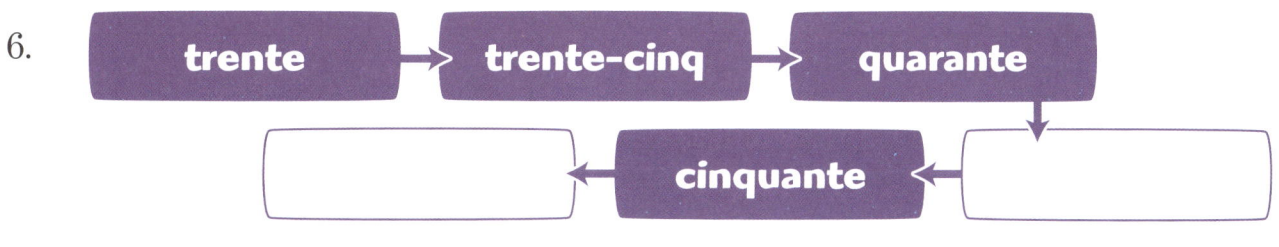

7.

9 Les nombres : de 1 à 69 – Numbers: 1 to 69

D. Écrivez les nombres en chiffres dans la colonne à gauche et ceux dans la colonne à droite en lettres.
Write the numbers in the left column in digits and the ones in the right column in words.

1. neuf _____
2. cinquante _____
3. quarante-sept _____
4. dix-huit _____
5. cinquante-trois _____
6. quarante-quatre _____
7. trente-six _____
8. vingt-cinq _____

9. 55 _____
  48 _____
  26 _____
  53 _____
  31 _____
  39 _____
  64 _____
  _____

Grade 5

En anglais : In English	En français : In French
"...is bigger than..." "...is smaller than..."	« ...est plus grand que... » *eh plew graan kuh* « ...est plus petit que... » *eh plew puh-tee kuh*

Le numéro neuf est plus grand que le numéro deux!
luh new-meh-roh nuhf eh plew graan kuh luh new-meh-roh duh
Number nine is bigger than number two!

E. Encerclez la bonne réponse.
Circle the correct answer.

1. **Quatre / Quarante** est plus grand que *quatorze*.

2. **Quarante-sept / Huit** est plus petit que *neuf*.

3. **Cinquante / Cinq** est plus petit que *quinze*.

F. Traduisez les phrases en français. Écrivez les nombres en lettres.
Translate the sentences into French. Write the numbers in words.

1. 23 is bigger than 13.

   _____

2. 52 is bigger than 25.

   _____

3. 16 is smaller than 60.

   _____

Unité 10 : La quantité et les équations

Quantity and Equations

Vocabulary: Words for equations and quantity

Grammar: Adverbs of quantity

Expressions: « Combien font...et... ? »
"How many does...and...make?"
« ...et...font... »
"...and...make..."

Je suis très riche!
juh swee treh reesh
I am very rich!

Je suis moins riche mais plus gentille!
juh swee mwahn reesh meh plew jaan·teey
I am less rich but kinder!

A. Copiez les mots.
Copy the words.

les nombres the numbers
_____
leh nohmbr

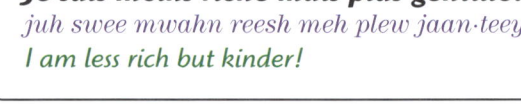

les chiffres the digits
_____
leh sheefr

---

l'addition addition
_____
lah·dee·syohn

la soustraction subtraction
_____
lah soos·trahk·syohn

plus	la somme	moins	la différence
plus	the sum	minus	the difference
plews	*lah sohm*	*mwahn*	*lah dee·feh·raans*

$$7 + 5 = 12 \qquad 12 - 4 = 8$$

additionner (v.)	égaler (v.)	le signe égal
to add	to equal	equal sign
ah·dee·syohn·neh	*eh·gah·leh*	*luh seeny eh·gahl*

B. Mettez les lettres dans le bon ordre pour écrire le mot correspondant.
Put the letters in the correct order to write the corresponding word.

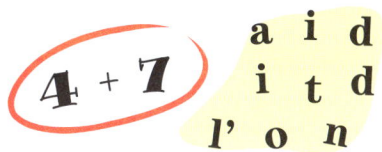

1. _____ 2. _____ 3. _____

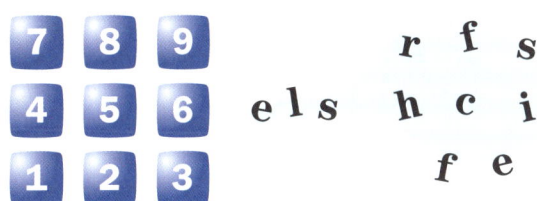

4. _____ 5. _____

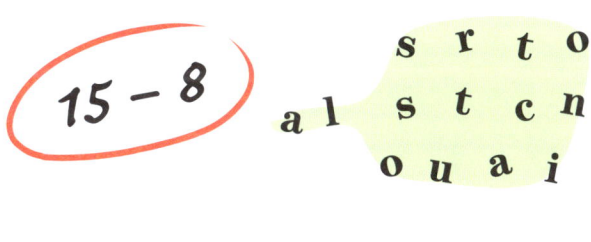

6. _____ 7. _____

C. Classez les équations.
Sort the equations.

A $3 + 7 = 10$ B $15 - 6 = 9$

C $6 - 1 = 5$ D $8 + 3 = 11$

E $8 + 8 = 16$ F $4 + 1 = 5$

l'addition : _____

la soustraction : _____

10 La quantité et les équations – Quantity and Equations

Grammar

Les adverbes de quantité
Adverbs of Quantity

An adverb can modify a verb, an adjective, or another adverb!

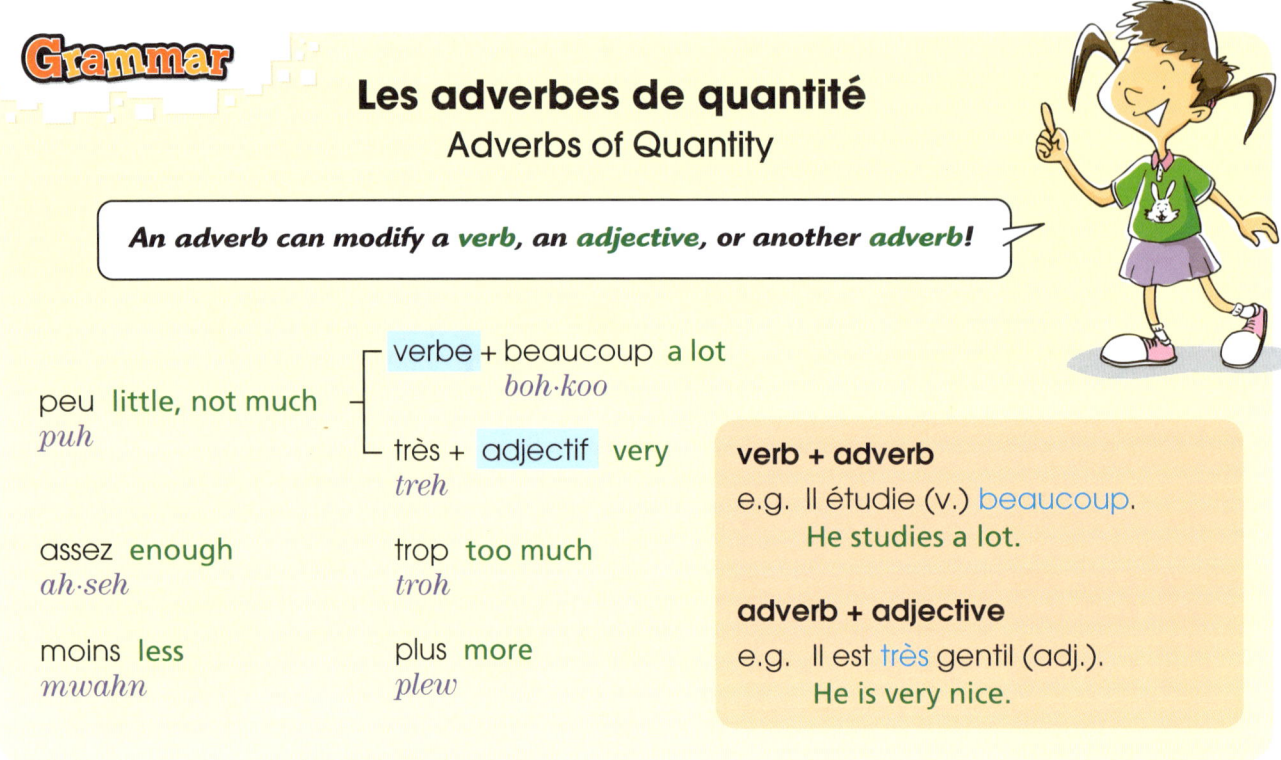

verbe + beaucoup a lot
           boh·koo

peu little, not much
puh

très + adjectif very
treh

assez enough
ah·seh

trop too much
troh

moins less
mwahn

plus more
plew

verb + adverb
e.g. Il étudie (v.) beaucoup.
     He studies a lot.

adverb + adjective
e.g. Il est très gentil (adj.).
     He is very nice.

D. Remplissez les tirets avec le bon adverbe.
Fill in the blanks with the correct adverbs.

adverb + adjective

Elles sont { peu / très / trop / plus / assez / moins } gentilles.

These adverbs can modify all the adjectives introduced in Unit 4.

1. Je mange _____ .
               too much

2. Nous nageons _____ en hiver.
               little, not much (adv.)

3. 7 est _____ _____ que 8.
     smaller: more (adv.) small (adj.)

4. Le chien est _____ drôle.
               very (adv.)

5. Alice est _____ _____ que Lucie.
          more (adv.) tired (adj.)

6. Il mange _____ parce qu'il a _____ faim.
         a lot (adv.)   very (adv.) hungry (adj.)

"Plus" and "moins" are used when reading an equation out loud.

En anglais :
In English

"...plus...equals..."
"...minus...equals..."

En français :
In French

« ...plus...égalent... »
...plews...eh·gahl...
« ...moins...égalent... »
...mwahn...eh·gahl...

"**Égaler**" is a verb of the 1st group and it has to be used with the correct ending.

Trois plus quatre égalent sept.
trwah plew kahtr ehgahl seht
Three plus four equals seven.

E. Reliez chaque phrase à l'équation correspondante.
Match each phrase with the corresponding equation.

◯ Seize plus quatre égalent vingt.

◯ Cinq plus six égalent onze.

◯ Neuf moins trois égalent six.

◯ Quarante moins quatorze égalent vingt-six.

◯ Cinquante plus quinze égalent soixante-cinq.

A 5 + 6 = 11
B 50 + 15 = 65
C 40 – 14 = 26
D 16 + 4 = 20
E 9 – 3 = 6

F. Mettez les phrases en équation.
Write the equation for each sentence.

1. Trente moins trois égalent vingt-sept. _____

2. Douze plus six égalent dix-huit. _____

3. Soixante moins seize égalent quarante-quatre. _____

10 La quantité et les équations – Quantity and Equations

G. Écrivez une équation pour chaque image, d'abord en mots, ensuite en chiffres.
Write an equation for each picture, first in words and then in numbers.

Équations :

A Treize plus _____ égalent _____ . _____

B Six moins _____ . _____

C _____ _____

D _____ _____

E _____ _____

Expressions

En anglais :
In English

"How many does... and...make?"

En français :
In French

« Combien font... et...? »
kohm·byahn fohn

Another way to express addition is to use "et" instead of "plus".

Combien font trois et deux?
kohm·byahn fohn trwah eh duh
How many does three and two make?

Trois et deux font cinq!
trwah eh duh fohn sahnk
Three and two makes five!

H. Pour chaque image, demandez la somme dans une question et donnez la réponse.

For each picture, ask about the sum and give the answer.

1. Combien _____ ?
   _____

2.
   _____
   _____

3.
   _____
   _____

Unité 11 : Les métiers

Professions

Vocabulary: Words for common professions

Grammar: "Vous" as a polite form of "tu"

Expressions: « Il est (profession). »
"He is a (profession)."

Je suis médecin!
juh swee mehd·sahn
I am a doctor!

A. Copiez les mots.
Copy the words.

A un artiste

_____
euhn ahr·teest

B une musicienne

_____
ewn mew·zee·syehn

C une factrice

_____
ewn fahk·treess

D une policière

_____
ewn poh·lee·syehr

E un réalisateur

_____
euhn reh·ah·lee·zah·tuhr

F une actrice

_____
ewn ahk·treess

Grade 5

G un fermier

euhn fehr·myeh

H un boucher

euhn boo·sheh

I un avocat

euhn ah·voh·kah

J une enseignante

ewn aan·seh·nyaant

K un plombier

euhn plohm·byeh

L un médecin

euhn mehd·sahn

M un infirmier

euhn ahn·feer·myeh

N une pompière

ewn pohm·pyehr

O une charpentière

ewn shahr·paan·tyehr

P un boulanger

euhn boo·laan·jeh

Q une dentiste

ewn daan·teest

11 Les métiers – Professions

B. Écrivez le nom du métier correspondant.
Write the name of the corresponding profession.

A

B

C

D

E

F

G

H

A _____   B _____

C _____   D _____

E _____   F _____

G _____   H _____

Les métiers en français
Professions in French

masculin +e → féminin

un avocat/une avocate
un professeur/une professeure
un musicien/une musicienne

masculin -eur → féminin -rice

un facteur — une factrice
un acteur — une actrice
un réalisateur — une réalisatrice

masculin -(i)er → féminin -(i)ère

un charpentier — une charpentière
un boulanger — une boulangère
un pompier — une pompière
un plombier — une plombière
un boucher — une bouchère
un policier — une policière
un infirmier — une infirmière
un fermier — une fermière

un/une artiste
un/une dentiste

Most professions have both a masculine and a feminine form. Those that don't, you simply change the articles "le, un" to "la, une".

C. Indiquez le genre de chaque métier en le reliant à la bonne image. Ensuite écrivez le genre opposé.

Indicate the gender of each word by drawing a line to the correct person. Then give the opposite gender of each word.

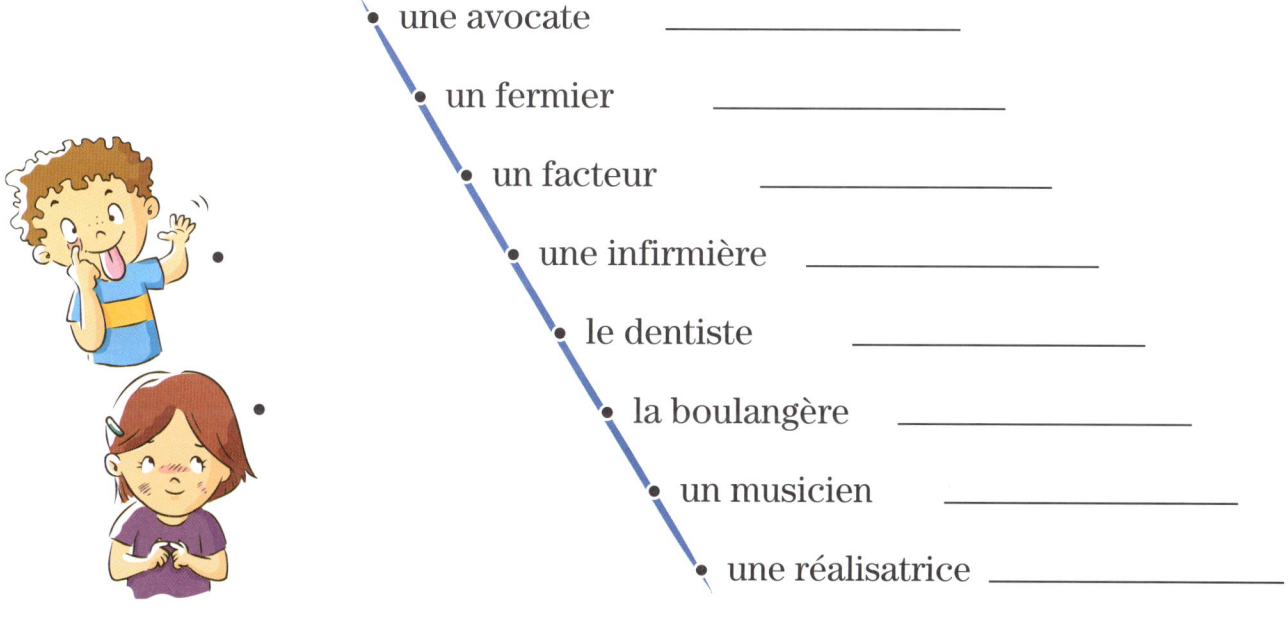

- une avocate _____
- un fermier _____
- un facteur _____
- une infirmière _____
- le dentiste _____
- la boulangère _____
- un musicien _____
- une réalisatrice _____

11 Les métiers – Professions

Vous vs. tu

In French, when you address someone older than you or someone you do not know well, you must use "vous" instead of "tu".

"Vous" is a polite form of "tu".

"vouvoy**er**" = a verb used when you address someone politely using "vous"

e.g. Vous vouvoyez vos enseignants.
You use "vous" to address your teachers.

Voilà votre dîner!
Here is your lunch!

D. Écrivez « vous » ou « tu » pour addresser les personnes suivantes.
Write "vous" or "tu" to address the following people.

1. your sister _____
2. the mail carrier _____
3. your doctor _____
4. your mom _____
5. your teacher _____
6. your cat _____

E. Lisez les dialogues et encerclez la personne à laquelle le garçon parle.
Read the dialogue and circle the person to whom each boy would be speaking.

1. *Vous êtes gentil.*

   son chien

   son médecin

2. *Tu es heureuse.*

   sa sœur

   sa boulangère

74 Complete FrenchSmart • Grade 5

Grade 5

In French, when you want to tell someone's profession, you leave out the article: "un/une ; le/la".

En anglais :
In English

"He/she is a _____ ."
        profession
e.g. He is a baker.

En français :
In French

« Il/elle est _____ . »
              métier
e.g. Il est boulanger.

Attention!

Monsieur [M.] *Mister, Sir*
muh·syuh

Madame [Mme] *Madam*
mah·dahm

Mademoiselle [Mlle] *Miss*
mahd·mwah·zehl

Bonjour Mademoiselle!
bohn·joor mahd·mwah·zehl
Hello miss!

Je suis musicien.
juh swee mew·zee·syahn
I'm a musician.

Bonjour Monsieur!
bohn·joor muh·syuh
Hello sir!

Je suis artiste.
juh swee zahr·teest
I'm an artist.

F. Complétez chaque phrase avec le bon métier.

Complete each sentence with the correct form of the profession.

1. M. Le Blanc est _____ .

2. Mme Dubois est _____ .

3. Mlle Lucie est _____ .

4. M. Le Blanc et M. Laurent sont _____ .

5. Mme Dubois et Mlle Lucie sont _____ .

6. M. Laurent et Mme Dubois sont _____ .

Unité 12: En ville

In the City

Vocabulary: Words related to the city
Grammar: Qualifying adjectives

Regardez, c'est une grande gare!
ruh·gahr·deh seht ewn graand gahr
Look, it's a big train station!

A. Copiez les mots.
Copy the words.

une ville

a city
_____
ewn veel

une rue

a street
_____
ewn rew

un bâtiment

a building
_____
euhn bah·tee·maan

une autoroute

a highway
_____
ewn oh·toh·root

une voiture

_____
ewn vwah·tewr

un camion

_____
euhn kah·myohn

un autobus

_____
euhn oh·to·bews

une bicyclette

_____
ewn bee·see·kleht

un taxi

_____
euhn tahk·see

un train

_____
euhn trahn

Grade 5

le métro	la gare	l'église
luh meht·roh	*lah gahr*	*lehg·leez*
l'école	le musée	l'hôpital
leh·kohl	*luh mew·zeh*	*loh·pee·tahl*
l'aéroport	le cinéma	le restaurant
lah·eh·roh·pohr	*luh see·neh·mah*	*luh rehs·toh·raan*
l'hôtel	l'épicerie	la boulangerie
loh·tehl	*leh·peess·ree*	*lah boo·laan·jree*
la boucherie	la banque	le parc
lah boosh·ree	*lah baank*	*luh pahrk*
le dépanneur the convenience store	le supermarché the supermarket	la gendarmerie the police station
luh deh·pah·nuhr	*luh sew·pehr·mahr·sheh*	*lah jaan·dahr·muh·ree*
la station-service gas station	le magasin the store	la pharmacie the pharmacy
lah stah·syohn·sehr·vees	*luh mah·gah·zahn*	*lah fahr·mah·see*

Complete FrenchSmart • Grade 5 77

12 En ville – In the City

B. Écrivez le nom de l'établissement correspondant à chaque image.
Write the name of the establishment corresponding to each picture.

> le cinéma   l'église   l'hôpital   la boulangerie   le musée
> l'aéroport   la gendarmerie   l'épicerie   le parc

1.
_____

2.
_____

3.
_____

4.
_____

5.
_____

6.
_____

7.
_____

8.
_____

9.
_____

C. Rayez les mots qui n'appartient pas.
Cross out the words that do not belong.

Transportation	**Loisirs**	**Services publics**
trahns·pohr·tah·syohn	*lwah·zeer*	*sehr·vees pewb·leek*
Transportation	Leisure	Public Services
le vélo	le cinéma	le métro
l'épicerie	le magasin	la ville
le taxi	l'autobus	l'hôpital
le camion	le parc	la banque
l'hôtel	la banque	la gendarmerie
		l'école

D. Écrivez le nom de l'établissement où vous trouvez ces objets.
Write the names of the places where you find these objects.

1.

   _____

2.

   _____

3.

   _____

4.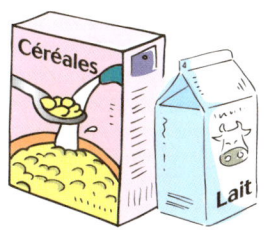

   _____

5.

   _____

12 En ville – In the City

Grammar

Les adjectifs qualificatifs
Qualifying Adjectives

The following adjectives always come **before** the noun, and like all other adjectives, they must agree in gender (m./f.) and number (sg./pl.) with the noun they describe.

adjective	noun

Don't forget that in French, the letter "h" often acts as a vowel. Homme, hôtel, and hôpital all start with a vowel.

		👦	👧
big		grand	grande
small		petit	petite
good		bon	bonne
bad		mauvais	mauvaise
old		*vieux (vieil)	vieille
young		jeune	jeune
new		*nouveau (nouvel)	nouvelle
pretty		joli	jolie
handsome/ beautiful		*beau (bel)	belle

* When describing a masculine singular noun that starts with a vowel, these adjectives take the form in the brackets.

e.g. un vieil homme
  an old man

E.   Remplissez les tirets avec la bonne forme de l'adjectif.

Fill in the blanks with the correct form of the adjectives.

1.   un _____ (new) vélo

2.   une _____ (small) rue

3.   un _____ (new) hôpital

4.   un _____ (bad) stylo

5.   une _____ (good) chienne

6.   un _____ (handsome) homme

7.   une _____ (old) bicyclette

8.   un _____ (old) hôtel

9.   Je suis une _____ _____ princesse.
         pretty   small

80   Complete FrenchSmart • Grade 5

F. Encerclez la bonne réponse. Ensuite traduisez la phrase en anglais.
Circle the correct answer. Then translate the sentence into English.

1. Voilà une **bel** / **belle** ville. _____

2. Voilà le **grand** / **grande** camion. _____

3. Voici un **jeune** / **jeunes** garçon. _____

4. Voici un taxi **jaune** / **jaunes**. _____

N'oubliez pas!
Don't forget!

jeune (m./f.)
young
adjective **before** the noun
e.g.
un jeune homme
a young man

jaune (m./f.)
yellow
adjective **after** the noun
e.g.
un ballon jaune
a yellow ball

G. Mettez les mots dans le bon ordre.
Put the words in the correct order.

1. jeune / la / fille
_____

2. banane / une / jaune
_____

3. vieux / un / cinéma
_____

4. chatte / Une / mauvaise
_____
A bad cat!

5. un / hôpital / vieil
_____

6. petite / pomme / une
_____

Unité 13: La nature

Nature

Vocabulary: Words related to nature

Expressions: « ...se trouve/trouvent dans... »
"... is found/are found in..."

Les chameaux se trouvent dans le désert.
leh shah·moh suh troov daan luh deh·zehr
Camels are found in the desert.

A. Copiez les mots.
Copy the words.

 la nature nature
_____
lah nah·tewr

 le ciel the sky
_____
luh syehl

 la terre the earth
_____
lah tehr

 une plante a plant
_____
ewn plaant

l'océan the ocean
_____
loh·seh·aan

la montagne the mountain
_____
lah mohn·tahny

 l'eau water
_____
loh

une chèvre a goat
_____
ewn chehvr

 un hippocampe a sea horse
_____
euhn ee·poh·kaamp

 la vallée the valley
_____
lah vah·leh

la jungle the jungle

_____
lah juhngl

un perroquet a parrot
_____
euhn peh·roh·keh

la mousse moss
_____
lah moos

une île an island

_____
ewn eel

un palmier a palm tree
_____
euhn pahlm·yeh

une tortue a turtle
_____
ewn tohr·tew

la forêt the forest

_____
lah foh·reh

un hibou an owl
_____
euhn ee·boo

un sapin a fir tree
_____
euhn sah·pahn

une feuille a leaf
_____
ewn fuhy

le désert the desert

_____
luh deh·zehr

un cactus a cactus
_____
euhn kahk·tews

un chameau a camel
_____
euhn shah·moh

le sable the sand
_____
luh sahbl

13 La nature – Nature

B. Utilisez la clé pour trouver les mots. Ensuite reliez le mot à l'image correspondante.

Use the key to find the words. Then match the words with the corresponding pictures.

la clé :

1. ___ ___ ___ •
   5 1 21

2. ___ ___ ___ •
   9 12 5

3. ___ ___ ___ ___ •
   3 9 5 12

4. ___ ___ ___ ___ ___ •
   19 1 16 9 14

5. ___ ___ ___ ___ ___ ___ •
   3 8 5 22 18 5

6. ___ ___ ___ ___ ___ ___ •
   13 15 21 19 19 5

7. ___ ___ ___ ___ ___ ___ ___ •
   3 8 1 13 5 1 21

8. ___ ___ ___ ___ ___ ___ ___ ___ •
   13 15 14 20 1 7 14 5

C. Encerclez l'habitat des animaux et des plantes suivants.
Circle the habitat of the animals and plants below.

1. un sapin
   - l'océan
   - la forêt
   - le ciel

2. un palmier
   - une île
   - la montagne
   - l'océan

3. un hibou
   - le désert
   - la forêt
   - une île

4. une plante
   - le ciel
   - la terre
   - la nature

5. l'hippocampe
   - l'océan
   - la forêt
   - le désert

6. un cactus
   - l'océan
   - la montagne
   - le désert

D. Mettez les lettres dans le bon ordre. Ensuite trouvez l'objet dans l'image et écrivez la lettre correspondante.
Put the letters in the correct order. Then find the object in the picture and write the corresponding letter.

1. basle ◯
   _____

2. actucs ◯
   _____

3. hamacue ◯
   _____

4. elci ◯
   _____

5. aue ◯
   _____

13 La nature – Nature

E. Écrivez le nom de chaque animal/plante à côté de leur image. Ensuite écrivez le nom de leur habitat sur le panneau.

Write the name of the animal/plant beside each picture. Then write its habitat on the board.

En anglais :
In English

"...is found in..."
"...are found in..."

En français :
In French

« ...se trouv**e** dans... »
« ...se trouv**ent** dans... »
se troov daan

Le cactus se trouve dans le désert!
luh kahk·tews suh troov daan luh deh·zehr
The cactus is found in the desert!

F. Regardez les images et écrivez une phrase avec « ...se trouve / trouvent dans... » pour indiquer l'habitat de chaque objet.

Look at the pictures and write a sentence with "...se trouve / trouvent dans..." to indicate the habitat of each object.

A	B	C	D	E

A _____ se trouvent dans _____ .

B _____ se trouve dans _____ .

C _____

D _____

E _____

Unité 14: Les expressions avec « avoir »

Expressions with "Avoir"

Vocabulary/Expressions: Expressions with « Avoir »

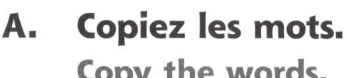

Nous avons chaud!
noo zah·vohn shoh
We are hot!

A. Copiez les mots.
Copy the words.

avoir raison
to be right

_____
ah·vwahr reh·zohn

avoir soif
to be thirsty

_____
ah·vwahr swahf

avoir chaud
to be hot

_____
ah·vwahr shoh

avoir tort
to be wrong

_____
ah·vwahr tohr

avoir faim
to be hungry

_____
ah·vwahr fahm

avoir froid
to be cold

_____
ah·vwahr frwah

avoir peur
to be scared

_____
ah·vwahr puhr

avoir de la chance
to be lucky

_____
ah·vwahr duh lah shaans

avoir l'air
to seem

_____
ah·vwahr lehr

avoir honte
to be ashamed

_____
ah·vwahr ohnt

avoir sommeil
to be sleepy

_____
ah·vwahr soh·mehy

avoir du mal (à)
to have difficulty

ah·vwahr dew mahl

avoir mal (à)
to have a pain (in)

ah·vwahr mahl

avoir envie (de)
to feel like

ah·vwahr aan·vee

avoir l'habitude (de)
to be in the habit of

ah·vwahr lah·bee·tewd

avoir besoin (de)
to need

ah·vwahr buh·zwahn

avoir (nombre) ans
to be (number) years old

ah·vwahr aan

B. Écrivez les expressions en français.
Write the expressions in French.

1. to be thirsty _____

2. to be ashamed _____

3. to have a pain (in) _____

4. to be six years old _____

5. to be right _____

6. to be wrong _____

14 Les expressions avec « avoir » – Expressions with "Avoir"

« **Avoir** » au présent
To have

Remember to use the correct form of the verb "avoir" and the correct pronoun with each expression.

singular	plural
j'ai — I have	nous avons — we have
tu as — you (sg.) have	vous avez — you (pl.) have
il/elle a — he/she has	ils/elles ont — they (m./f.) have

When there is no personal pronoun, use... verb endings for

- **il** m.sg. — a masculine noun/name
- **elle** f.sg. — a feminine noun/name
- **ils** m.pl. — groups with at least one masculine noun/name
- **elles** f.pl. — groups of all feminine nouns/names

nous « ___ et moi »   "___ and I"

vous « ___ et toi »   "___ and you"

J'ai trois ans.
jeh trwah zaan
I'm three years old.

C. Donnez l'âge de chacun des personnages avec l'expression « avoir ___ ans ».
Write each person's age with the expression "avoir ___ ans".

1. Tu – 13 ans   _____

2. Jean – 32 ans   _____

3. Vous – 14 ans   _____

4. Marie – 6 ans   _____

5. Mon frère et moi – 9 ans   _____

6. Marc et Tom – 16 ans   _____

7. Ma sœur et toi – 11 ans   _____

D. Écrivez une phrase pour chaque image en utilisant l'une des deux expressions : « avoir faim/soif » et le bon pronom personnel.

Write a sentence for each picture using one of the two expressions: "avoir faim/soif" and the correct personal pronoun.

A Je

B l'homme

C le fermier

D Jill et toi

E les filles

F Paul et Sylvie

G tu

H Paul

A J'ai _____ .

B _____

C _____

D _____

E _____

F _____

G _____

H _____

14 Les expressions avec « avoir » – Expressions with "Avoir"

E. Écrivez ce dont chaque personne a besoin avec l'expression « avoir besoin de ».

Write what each person needs with the expression "avoir besoin de".

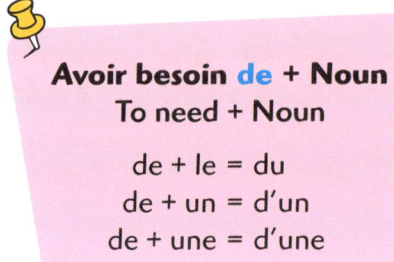

Avoir besoin de + Noun
To need + Noun

de + le = du
de + un = d'un
de + une = d'une

1.    Mme Dubois a besoin _____ .

2.    _____

3.    _____

4.    _____

5.    _____

6.    _____

F. Traduisez les phrases en français.
Translate the sentences into French.

> Avoir l'air (+ Adj.)
> e.g. Il a l'air **gentil**.
>
> Avoir mal **à** (+ Nom du partie du corps)
> e.g. J'ai mal aux **genoux**.
>
> Avoir besoin **de** (+ Nom)
> e.g. J'ai besoin de **chocolat**.
>
> Avoir envie **de** (+ Infinitif)
> e.g. J'ai envie de **jouer**.
>
> Avoir l'habitude **de** (+ Infinitif)
> e.g. J'ai l'habitude de **parler**.
>
> Avoir du mal **à** (+ Infinitif)
> e.g. J'ai du mal à **étudier**.

1. I am hot. _____

2. He is hungry. _____

3. She is right. _____

4. They are thirsty. (boys) _____

5. You are scared. (girls and boys) _____

6. We have difficulty sleeping. _____

7. We are ashamed. _____

8. She has a toothache. _____

9. They (m.) feel like dancing. _____

10. You (sg.) are cold! _____

11. You (f.sg.) seem happy. _____

12. I need some milk. _____

13. Suzie has the habit of eating too much. _____

Unité 15: Les prépositions et les conjonctions

Prepositions and Conjunctions

Vocabulary: Words for prepositions and conjunctions
Grammar: Using prepositions and conjunctions

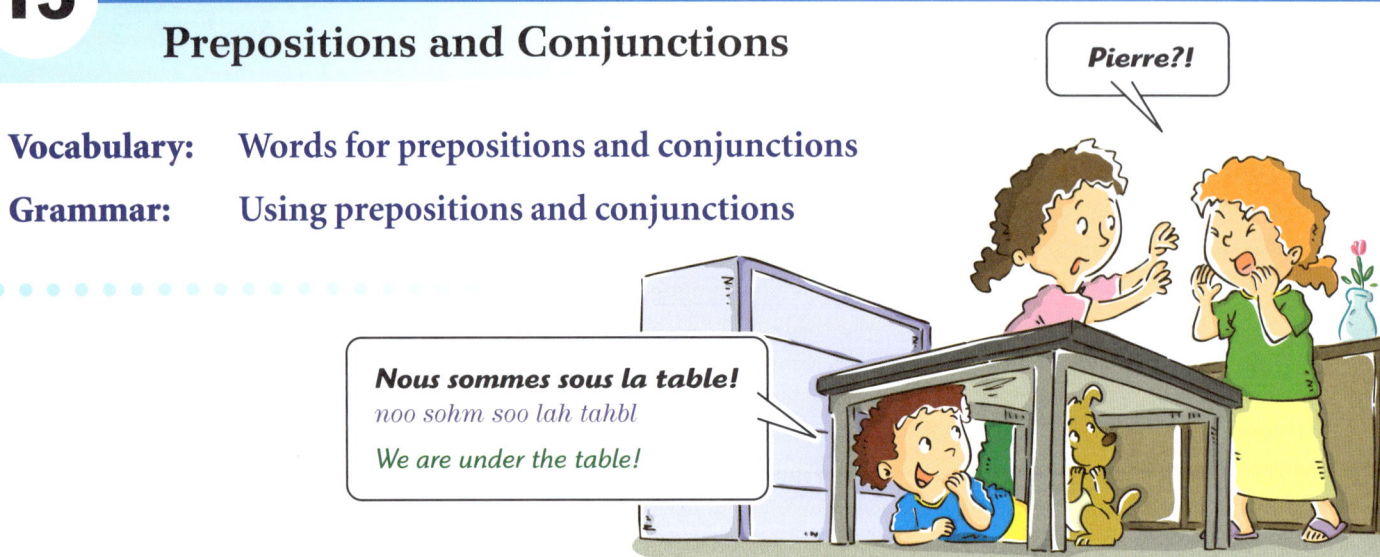

A. Copiez les mots.
Copy the words.

Les prépositions

à to, in, at
_____
ah

de of, from
_____
duh

sur on
_____
sewr

sous under
_____
soo

devant in front of
_____
duh·vaan

derrière behind
_____
deh·ryehr

dans in, inside
_____
daan

à côté de beside
_____
ah coh·teh duh

autour de around
_____
oh·toor duh

entre between
_____
aantr

avec with
_____
ah·vehk

sans without
_____
saan

après after
_____
ah·preh

avant before
_____
ah·vaan

contre against
_____
cohntr

Les conjonctions

et and   ou or   mais but

_____   _____   _____
eh   *oo*   *meh*

puis then   parce que because

_____   _____
pwee   *pahrs kuh*

J'aime la crème glacée parce que c'est délicieux!
jehm lah krehm glah·seh pahrs kuh seh deh·lee·syuh
I love ice cream because it's delicious!

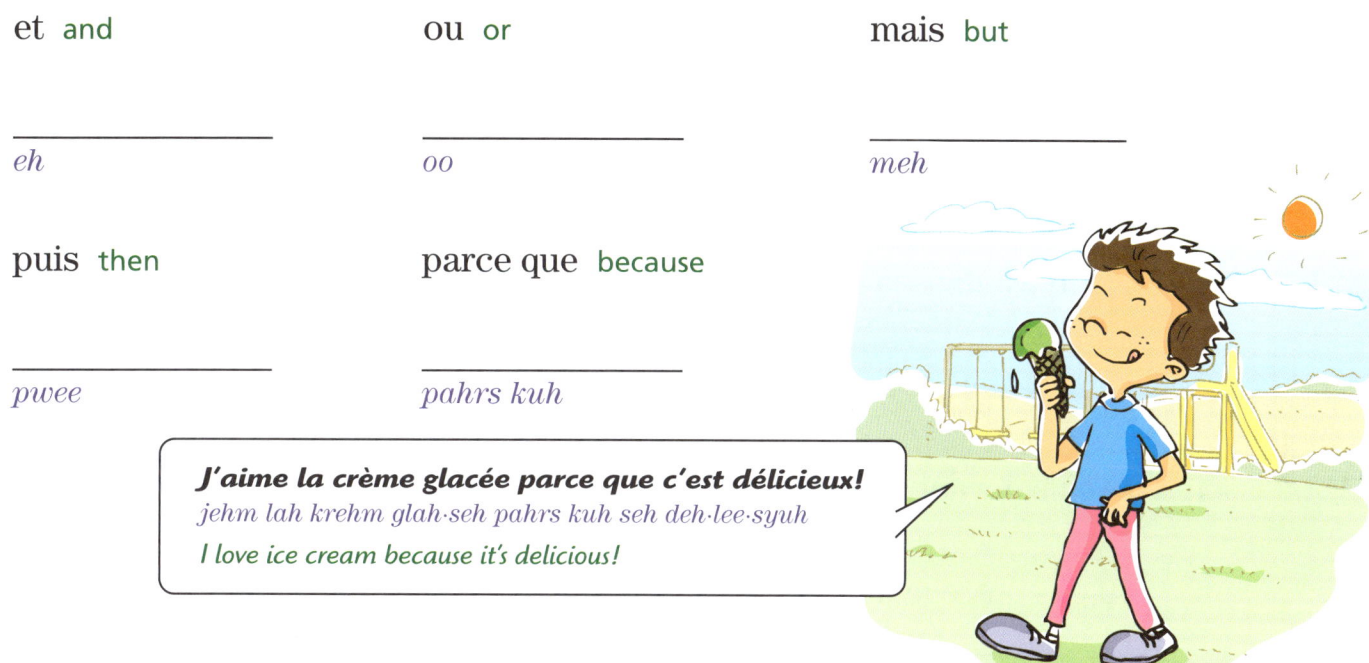

B. Regardez l'image et remplissez les tirets avec la bonne préposition.
Look at the picture and fill in the blanks with the correct prepositions.

_____ le fromage

_____ le fromage

_____ du fromage

_____ le fromage

_____ le fromage

_____ du fromage

_____ le fromage

_____ le fromage

15 Les prépositions et les conjonctions – Prepositions and Conjunctions

C. Encerclez la préposition dans chaque phrase.
Circle the preposition in each sentence.

1. Le pain est **sur** la table.

2. Sarah est **dans** la maison.

3. Pierre est **avec** son père.

4. Je suis **devant** ma sœur.

5. Tu es **contre** le mur.

6. Nous sommes **sans** lunettes de soleil.

7. J'ai besoin **de** mon manteau au printemps.

8. Vous courrez **autour de** la maison.

D. Choisissez la bonne préposition.
Choose the correct preposition.

1. **à / de** — Elle est _____ la maison.

2. **contre / après** — Je regarde la télévision _____ l'école.

3. **avec / sur** — Je danse _____ mes amis.

4. **sous / entre** — Le tapis est _____ la table.

E. Traduisez les conjonctions en français.
Translate the conjunctions into French.

_____   _____   _____   _____   _____

F. Remplissez les tirets avec la bonne conjonction à l'aide de la traduction.
Fill in the blanks with the correct conjunctions with the help of the English translation.

1. Marie sommeille _____ elle est fatiguée.
   Marie is napping because she is tired.

2. Cours à l'épicerie _____ achète des pommes!
   Run to the grocery store and buy some apples!

3. Marche avec moi _____ cours!
   Walk with me or run!

4. La graine est petite _____ la plante est grande.
   The seed is small but the plant is big.

5. J'aime le poulet _____ le bœuf.
   I like chicken and beef!

N'oubliez pas!
Don't forget!

parce que + words starting with a vowel = parce qu'
e.g.   Il danse parce qu'il est content.
       He is dancing because he is happy.

15 Les prépositions et les conjonctions – Prepositions and Conjunctions

G. Complétez l'histoire de Marcel avec les prépositions ou les conjonctions qui conviennent.
Complete Marcel's story with the correct prepositions or conjunctions.

Marcel va _____ (to) l'école chaque jour _____ (at) 8 h 30. _____ (but) il ne mange jamais son déjeuner _____ (because) il aime dormir. Aujourd'hui, Charlie, le chien _____ (of) Marcel vient _____ (in) son lit _____ (with) une tranche _____ (of) pain _____ (in) sa bouche. _____ (but) Marcel ne veut pas se lever₁ _____ (before) 8 h 30! Charlie est ennuyé. Il commence₂ à courir _____ (around) de son lit. Marcel n'est pas content _____ (but) il doit se lever.

1. se lever – to get up
2. commencer – to start

H. Faites un dessin pour les phrases suivantes.
Draw a picture that illustrates the sentences below.

*Tim est dans sa chambre.
Il est sous son lit.
Sa balle est sur son lit.*

I. Regardez les images et complétez les phrases avec la bonne conjonction ou la bonne préposition.
Look at the pictures and complete the sentences with the correct conjunctions or prepositions.

1.  La chatte est _____ la cage _____ elle a peur du chien.

2.  Le chaton joue _____ la boîte et _____ la table. Le ballon est _____ la table.

3.  14 h est deux heures _____ midi. 23 h est une heure _____ minuit. _____ midi nous mangeons le dîner.

4.  Le cadeau est adressé _____ Paul. Il est de la part _____ Nicole.
The gift is addressed to Paul. It is from Nicole.

Unité 16 — Le zoo

The Zoo

Vocabulary: Words related to the zoo

Grammar: La négation « ne...pas »

Je n'aime pas les koalas.
juh nehm pah leh koh·ah·lah
I don't like koalas.

A. Copiez les mots.
Copy the words.

le zoo — the zoo
luh zoh

une cage — a cage
ewn kahj

un gardien de zoo (m.)
une gardienne de zoo (f.) — a zookeeper
euhn gahr·dyahn duh zoh / ewn gahr·dyehn duh zoh

Les animaux à quatre pattes — Four-legged Animals

un guépard — a cheetah
euhn geh·pahr

un jaguar — a jaguar
euhn jahg·wahr

une girafe — a giraffe
ewn jee·rahf

un lynx — a lynx
euhn lahnks

un chameau — a camel
euhn shah·moh

une antilope — an antelope
ewn ahn·tee·lohp

un lion — a lion
euhn lee·yohn

un lama — a llama
euhn lah·mah

un hippopotame — a hippopotamus
euhn ee·poh·poh·tahm

100 Complete FrenchSmart • Grade 5

Grade 5

Les reptiles / Reptiles

une tortue	un crocodile	un serpent
a turtle	a crocodile	a snake
ewn tohr·tew	*euhn kroh·koh·deel*	*euhn sehr·paan*
une grenouille	un lézard	un caméléon
a frog	a lizard	a chameleon
ewn gruh·nweey	*euhn leh·zahr*	*euhn kah·meh·leh·ohn*

Les animaux nautiques / Sea Animals

un phoque	un dauphin	une pastenague
a seal	a dolphin	a stingray
euhn fohk	*euhn doh·fahn*	*ewn pahs·tuh·nahg*

Les oiseaux / Birds

*un héron	un pélican	*un hibou
a heron	a pelican	an owl
euhn eh·rohn	*euhn peh·lee·kahn*	*euhn ee·boo*
un flamant rose	un vautour	un aigle
a pink flamingo	a vulture	an eagle
euhn flah·maan rohz	*euhn voh·toor*	*euhn ehgl*

* The "h" at the begining of "hibou/héron" is a consonant. l'hibou → le hibou

Les marsupiaux / Marsupials

un koala	un kangourou
a koala	a kangaroo
euhn koh·ah·lah	*euhn kahn·goo·roo*

Les ours / Bears

un ours	un panda
a bear	a panda
euhn oors	*euhn paan·dah*

16 Le zoo – The Zoo

B. Écrivez le nom de chaque animal.
Write the name of each animal.

1.
   _____

2.
   _____

3.
   _____

4.
   _____

5.
   _____

6.
   _____

7.
   _____

8.
   _____

9.

A _____

B _____

C _____

D _____

C. Classifiez les animaux suivants selon la façon dont ils se déplacent.
Classify the animals below according to the way they get around.

Dans le ciel
In the sky

_____
_____
_____

Sur la terre
On land

_____
_____
_____
_____

Dans l'eau
In the water

_____
_____
_____
_____

le chameau

la tortue

le pélican

la girafe

le vautour

le dauphin

le koala

la pastenague

le perroquet

l'ours

le phoque

le hibou

16 Le zoo – The Zoo

Grammar

La négation : « ne...pas »
Negation

To make a sentence negative in French, the verb is put between the two negative adverbs "ne...pas".

e.g. Je suis un garçon. ➔ Je ne suis pas un garçon.
          verb   verb
     I am a boy.   I am not a boy.

- If the verb starts with a vowel, "ne" becomes "n'".

e.g. J'aime mon chien. ➔ Je n'aime pas mon chien.
     I love my dog.   I don't love my dog.

When using "ne...pas", "ne" goes before the verb and "pas" goes after the verb.

ne | verb | pas

D. **Mettez les mots dans le bon ordre pour écrire une phrase négative.**
Put the words in the correct order to write a negative sentence.

1. ne / Tu / sommeilles / pas.

   _____

2. Il / ne / pas. / rêve

   _____

3. Elle / pas / est / artiste. / n'

   _____

4. n' / pas / Je / ai / chaud.

   _____

5. avons / pas / cinq / Nous / n' / ans.

   _____

6. sont / pas / Ils / ne / fâchés.

   _____

E. Encerclez la bonne phrase.
Circle the correct sentence.

1.
   Elle ne pleure pas.

   Elle pleure.

2.
   Ils aiment leur voiture.

   Ils n'aiment pas leur voiture.

3.
   Mon frère lit.

   Mon frère ne lit pas.

F. Écrivez les phrases au négatif.
Write the sentences in the negative.

1. J'ai sommeil. _____

2. Ils ont tort. _____

3. Vous êtes à l'hôpital. _____

4. Ma sœur regarde la télé. _____

5. Le chien rêve des chats. _____

6. Luc va au magasin. _____

7. Lucie et moi, nous étudions à la bibliothèque.

   _____

La révision 2

La révision
- Les nombres : de 1 à 69
- La quantité et les équations
- Les métiers
- En ville
- La nature
- Les expressions avec « avoir »
- Les prépositions et les conjonctions
- Le zoo

A. Encerclez la bonne réponse.
Circle the correct answer.

1. A. soixante crayons B. seize crayons C. six crayons

2. 14 est plus grand que _____ .
   A. quarante-quatre B. quatre C. quantité

3. A. le signe égal B. la somme C. la soustraction

4. A. un boucher B. une bouchère C. un boulanger

5. A. un médecin B. une factrice C. un avocat

6. Il est un _____ homme.
   A. vieux B. jeune C. vieil

7. Les enfants jouent dans _____ .

   A. l'hôpital   B. le parc   C. l'épicerie

8. J'ai mal au ventre et je vais _____ .

   A. le parc   B. l'hôpital   C. à l'hôpital

9. L'_____ se trouve dans l'océan.

   A. oiseau   B. hippocampe   C. hibou

10. La souris est _____ le fromage.

    A. sous   B. dans   C. derrière

11. J'ai besoin d'eau _____ j'ai soif.

    A. parce que   B. mais   C. et

12. Je donne une bague _____ Marie.

    A. de   B. à   C. après

13. _____ est un animal nautique.

    A. Le kangourou   B. La girafe   C. Le dauphin

14. Les chameaux se trouvent dans _____ .

    A. l'eau   B. le désert   C. la forêt

15. Un camion est _____ qu'une voiture.

    A. plus petit   B. plus grand   C. grand

La révision 2 – Revision 2

B. Remplissez les tirets pour écrire le nom des objets.
Fill in the blanks to write the names of the objects.

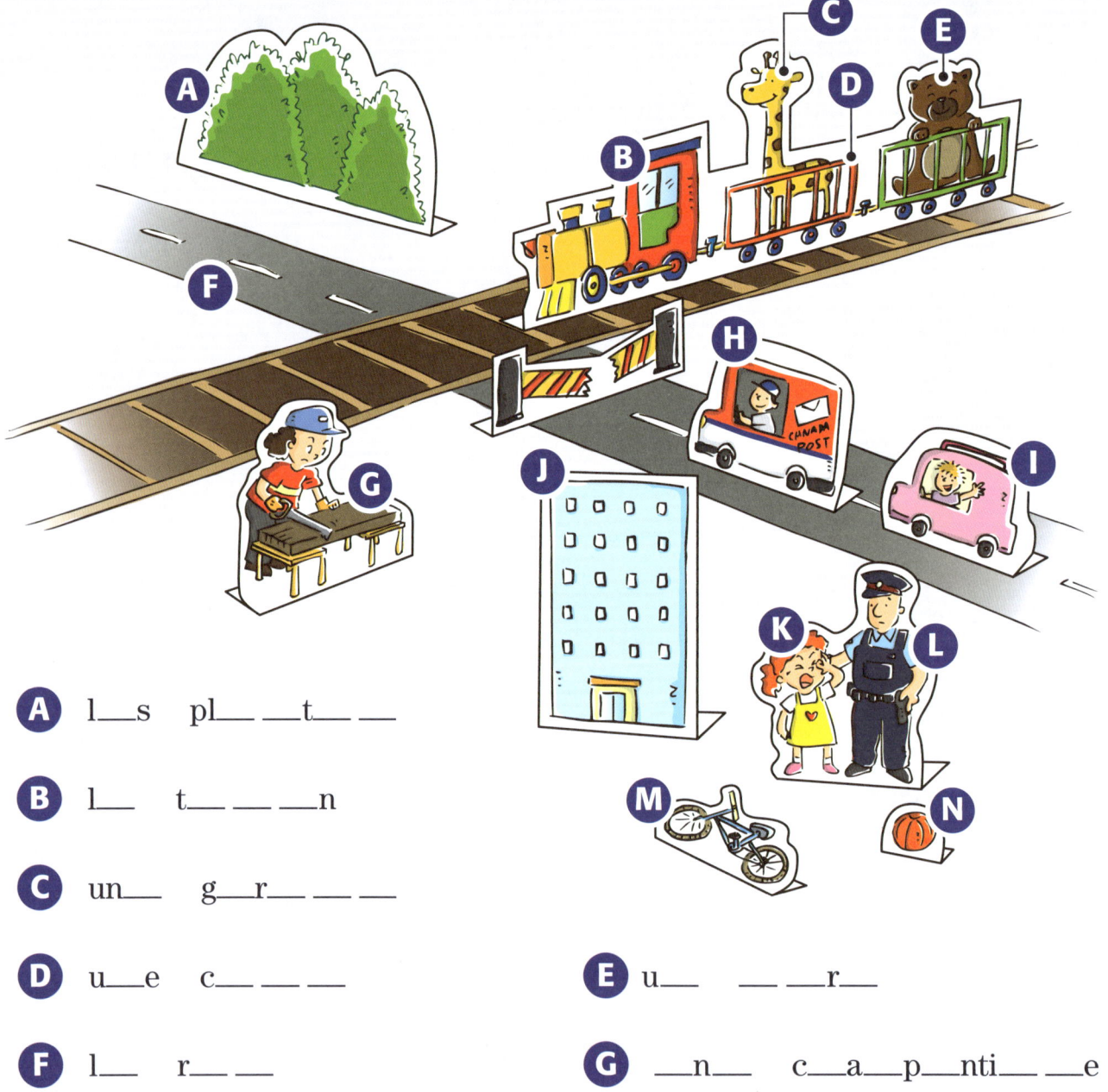

- **A** l__s pl__ __t__ __
- **B** l__ t__ __ __n
- **C** un__ g__r__ __ __ __
- **D** u__e c__ __ __
- **E** u__ __ __r__
- **F** l__ r__ __
- **G** __n__ c__a__p__nti__ __e
- **H** le __a__ __e__ __ dans son c__m__ __n
- **I** l__ v__ __t__ __ __
- **J** u__ b__t__m__ __ __
- **K** La fille pl__ __ __ __ .
- **L** u__ p__l__c__ __ __
- **M** l__ b__c__ __l__t__ __
- **N** u__ b__l__ __n

C. Mettez la bonne lettre dans le cercle.
Put the correct letter in the circle.

Tu...

Nous...

La chèvre...

Alice et Marie...

Monsieur le Président, ...

Cinquante et onze font...

Paul mange du riz parce qu'...

Je regarde la télévision...

Quarante moins quatre égalent...

J'ai mal aux dents. J'ai besoin d'...

A se trouve dans la montagne.

B vous êtes très gentil.

C regardent le ciel.

D soixante et un.

E avons raison.

F après l'école.

G un dentiste.

H trente-six.

I il a faim.

J as tort.

La révision 2 – Revision 2

D. Écrivez la bonne lettre dans le cercle.
Write the correct letter in the circle.

1. Cinquante se trouve entre quarante et soixante.

    A   14 < 15 < 16   B   40 < 50 < 60   C   4 < 5 < 6

2. J'ai peur!

   A    B    C

3. Mon oiseau n'est pas dans sa cage.

   A 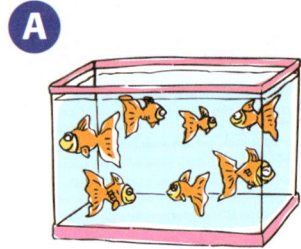   B    C

4. Mme Leblanc, _____ !

    A vous êtes très fâchés   B vous êtes très jolie   C tu est très gentille

5. Il a quatorze ans.

A
B
C

6. Alice est à la fenêtre.

A
B
C

7. La boulangerie est mon magasin préféré.

A
B
C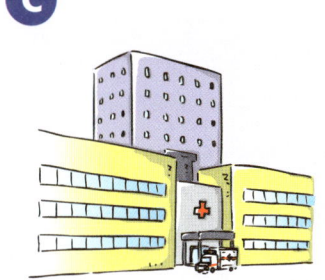

8. une jolie petite chèvre

A
B
C

L'heure du conte

Histoire 1
L'ours et le renard   115-127
Activités   128-132

Histoire 2
Le buffle prudent   133-145
Activités   146-150

Histoire 3
Le chacal rusé   151-163
Activités   164-168

Histoire 4
La citrouille   169-181
Activités   182-186

Histoire 5
Le pique-nique   187-199
Activités   200-204

Histoire 1

L'ours et le renard

Personnages

un ours

un renard

Un jour, deux amis décident de creuser dans un champ ensemble pour planter des **graines de seigle**. Ils travaillent dur toute la journée. Ce n'est pas du travail facile parce que la **terre** est dure. Ils travaillent très bien ensemble.

Réponses courtes

1. Qu'est-ce que les deux amis décident de planter?
2. Quelle partie de la récolte est-ce que l'ours prend?

Ils sont fatigués mais très contents. Ils disent qu'ils vont partager la **récolte**. Il y a assez pour tous les deux! Les amis mangent leurs **biscuits** et commencent à attendre leur récolte.

Je prends ce qui est au-dessus de la terre et tu prends ce qui pousse sous terre.

Je vais avoir une bonne récolte cette année.
I am going to have a good harvest this year.

Nouveaux mots
New Words

le graine de seigle : rye seed
la terre : earth, land   *la récolte* : harvest
le biscuit : cookie

1

> J'ai seulement des racines!
> Ah non! Ce n'est pas juste!

Le seigle **pousse** et pousse. Il est grand et jaune et prêt pour la récolte. Le renard **prend** toutes les graines de seigle. L'ours est surpris et fâché.

Réponses courtes

1. Qu'est-ce qui pousse au-dessus de la terre?
2. Pourquoi est-ce que l'ours est fâché?

Le renard **s'échappe** et **abandonne** l'ours.

Je vais prendre ma récolte à la maison.

Échappons-nous!
Let's escape!

Nouveaux verbes
New Verbs

pousser : to grow (plants)
prendre : to take   s'échapper : to escape
abandonner : to abandon

Plus tard, le renard dit à l'ours : « Plantons des raves ensemble. **Cette fois**, tu peux avoir tout ce qui pousse **au-dessus** de la terre et je prends ce qui pousse **sous terre**. »

Réponses courtes

1. Qu'est-ce que l'ours peut avoir cette fois?
2. Pourquoi est-ce que l'ours est si content?

Les amis regardent les raves pousser **ensemble**. L'ours ne voit pas les raves. Il voit seulement les feuilles vertes. Il commence à se demander si le renard le dupe **encore**.

Je pense que nos raves sont bien prêtes à récolter!

Réponses courtes

1. Qu'est-ce que l'ours voit?
2. Où sont les raves?

Le renard creuse la terre et trouve les raves. Elles sont grandes et violettes.

Ahah! Les voilà! Les raves sont à moi maintenant.

Chantons ensemble encore!
Let's sing together again!

Prononciation
Pronunciation

Le son nasal [n]

<u>en</u>semble
together

<u>en</u>core
again

Le renard arrache les feuilles des raves et fait un tas de feuilles. Il dit à l'ours qu'il prend les raves pour lui-même.

Tu peux avoir les feuilles. Elles sont sous terre.

Réponses courtes

1. Qu'est-ce que le renard fait?
2. Est-ce que l'ours va avoir sa part de la récolte de raves?

Quoi? Je ne vais pas avoir **ma part** de la récolte de raves? Je **pense que** je **commence à** comprendre...

Je pense que le reste est ma part.
I think that the rest is my share.

Nouvelles expressions
New Expressions

ma part : my share
penser que : to think that
commencer à : to begin to

1

L'ours est fâché parce que le renard l'a **dupé** encore une fois. Il **décide** de ne plus être l'ami du renard.

Réponses courtes

1. Est-ce que l'ours revoit le renard?
2. Qu'est-ce que l'ours décide?

L'ours part et ne revoit jamais le renard. Il décide d'**oublier** le renard complètement.

Les amis ne se dupent pas.

Je décide de l'oublier.
I decide to forget it.

Je suis désolé que je vous dupe toujours.
I'm sorry I always trick you.

Nouveaux verbes
New Verbs

duper : to dupe, to trick
décider : to decide
oublier : to forget

Histoire 1

Est-ce que tu te rappelles?

Remplis les espaces pour compléter les phrases. Ensuite mets les événements en ordre.
Fill in the blanks to complete the sentences. Then put the events in order.

fâché   récolte   décide   dupe   graines de seigle

A. L'ours _____ de ne plus être l'ami du renard.

B. Le renard _____ l'ours et prend les graines de seigle.

C. Ils disent qu'ils vont partager la _____ .

D. L'ours est _____ avec le renard.

E. Les deux amis décident de planter des _____ .

Ordre d'événements

Histoire 1

Mots cachés

Regarde les mots dans l'image. Trouve et encercle les mots dans les mots cachés.
Look at the words in the picture. Find and circle them in the word search.

a	p	a	r	t	a	g	e	r	e	b	m	d	l
w	h	q	g	r	a	i	n	e	s	o	y	u	n
k	o	r	k	r	b	w	e	a	k	w	a	p	a
r	f	e	u	i	l	l	e	s	t	n	b	e	v
é	t	n	s	i	e	p	o	u	s	s	e	r	z
c	x	a	y	i	g	v	u	c	é	x	a	v	b
o	a	r	é	s	l	s	r	j	b	l	j		
l	f	d	o	x	a	y	s	v	o	d			
t	a	r	y	e	a	g	d	s	k				
e	u	g	b	i									
r	a	v	e	s									
t	v	d	v	p									
o	a	c	é	s									
l	f	h	d										
t	a	a	g										
e	u	m	o										
r	a	p	v										

duper
pousser
renard
ours
feuilles
récolte
graines
champ
partager
raves

Histoire 1
Conjuguons ensemble

Complète les conjugaisons. Ensuite remplis les espaces avec la bonne conjugaison en utilisant « penser » ou « prendre ».

Complete the conjugations. Then fill in the blanks with the correct conjugation using "to think" or "to take".

Penser
to think

je	pens__
tu	pens___
il	pens__
elle	pens__
nous	pens____
vous	pens___
ils	pens____
elles	pens____

Endings: e, es, ons, ez, ent

Prendre
to take

je	prend__
tu	prend__
il	prend
elle	prend
nous	pren____
vous	pren___
ils	prenn____
elles	prenn____

Endings: s, ons, ez, ent

Remember
- nous = we (I + others)
- vous = you (pl.) (you + others)
- ils = they (m.)
- elles = they (f.)

1. _____ I take
2. _____ we think
3. _____ they think (all boys)
4. _____ you think (you and Abby)
5. _____ they take (Sarah and Suzy)
6. _____ he takes

Histoire 1

Conjuguons ensemble

Remplis les espaces à l'aide du tableau sur la page de gauche.
Fill in the blanks with the help of the table on the left page.

1. L'ours demande : « Tu _____ les raves? Pourquoi? »

2. L'ours et le renard _____ que la récolte est prête.

3. Le renard _____ les raves pour lui-même.

4. Il _____ que c'est une bonne idée!

5. L'ours _____ qu'il a appris sa leçon!

6. Le renard dit : « Je _____ ce qui est au-dessus de la terre. »

7. Vous _____ ces raves!

Histoire 1

Résumé de l'histoire

Fais un résumé de l'histoire « L'ours et le renard » à l'aide des phrases et des mots donnés.

Summarize the story "The Bear and the Fox" with the help of the given sentences and words.

prendre

duper

au-dessus

la récolte

les raves

sous terre

L'ours et le renard sont deux amis qui décident de travailler ensemble. Mais il y a un problème parce que le renard n'est pas juste et _____

_____

_____

_____

Histoire 2

Le buffle prudent

Personnages

un lièvre

un buffle

Il était une fois deux **coureurs** très **rapides**, un buffle et un lièvre. Le buffle était grand et brun avec deux cornes **immenses** sur la tête. Le lièvre était petit avec de longues oreilles.

Réponses courtes

1. Qui sont les deux coureurs rapides?
2. Qu'est-ce que le lièvre dit au buffle?

« Je suis beaucoup plus fort et rapide que toi », dit le buffle.

Non, ce n'est pas vrai! Je peux courir plus vite que toi!

Les deux amis ont toujours la même **dispute** au sujet de qui est le plus rapide.

C'est une citrouille immense!
This is a huge pumpkin!

Nouveaux mots
New Words

un coureur : runner
rapide : fast   immense : huge
une dispute : argument

Les autres animaux sont tristes parce qu'ils n'aiment pas voir le buffle et le lièvre se disputer. Ils **en ont assez d'**entendre et de voir les deux amis se disputer.

Quand est-ce qu'ils vont arrêter de se disputer? Je **n'en peux plus**!

Réponses courtes

1. Pourquoi est-ce que les autres animaux sont tristes?
2. Comment est-ce qu'ils vont découvrir qui court le plus vite?

Le lièvre a une excellente idée. Pour découvrir qui est l'animal le plus rapide, le lièvre suggère qu'ils font la course. Le buffle est d'accord avec l'idée du lièvre. Ils décident de faire la course jusqu'au grand arbre.

Faisons la course pour voir qui est vraiment le plus rapide!

Nouvelles expressions
New Expressions

Nous en avons assez d'attendre.
We are tired of waiting.

en avoir assez de : to be tired of

n'en pouvoir plus : to not be able to take it anymore

faire la course : to race

La course commence! Le **lièvre** est rapide et il court rapidement! Il pense qu'il va gagner.

Youpi! Je vais gagner!

Réponses courtes

1. Pourquoi est-ce que le lièvre pense qu'il va gagner?
2. Est-ce que le buffle commence la course rapidement ou lentement?

Le buffle commence la course très lentement, plus lentement que le lièvre.

Il **frappe** le sol de son sabot et commence à **trotter**.

Je vais le rattraper!

Prononciation
Pronunciation

Le son [r]

<u>lièv</u>re
hare

<u>fr</u>apper
to hit

<u>tr</u>otter
to trot

Tu me frappes toujours!
You always hit me!

Le buffle commence à **courir** de plus en plus rapidement. Le buffle a une grande force et il fait **voler** de la boue et de la terre partout! Les animaux ont peur.

Réponses courtes

1. Pourquoi est-ce que la boue et la terre volent partout?
2. Comment sais-tu que le buffle est lourd?

Le buffle est très lourd et il fait trembler la terre quand il court. Bientôt, il **dépasse** le lièvre. Le lièvre est très surpris que le buffle le dépasse. Il ne peut pas le **croire** !

Quoi ?

Regarde-moi, Teddy ! Je vole !
Look at me, Teddy! I'm flying!

Nouveaux verbes
New Verbs

courir : to run
voler : to fly dépasser : to pass
croire : to believe

Le lièvre ne peut plus respirer. Il est fatigué et il sait que le buffle peut courir plus rapidement que lui. Il a besoin de penser à un plan.

M. Buffle! Arrête de courir! Tu es trop lourd. Tu vas créer une **fissure** dans la terre et tomber dedans si tu ne t'arrêtes pas!

Réponses courtes

1. Qu'est-ce que le lièvre sait?
2. Qu'est-ce que le lièvre dit au buffle?

Le buffle devient très nerveux. Il a peur de tomber dans la fissure dans la terre. Il commence à marcher **lentement** et **doucement**.

Réponses courtes

1. Pourquoi est-ce que le buffle commence à marcher lentement et doucement?
2. Qui gagne la course?

Le lièvre dépasse le buffle et gagne la course. Le buffle n'est pas trop fâché de perdre la course. Il pense que c'est mieux d'être prudent.

> Perdre ne me dérange pas.
> **Il est mieux d'**être prudent!

> **Il est mieux de le faire lentement et doucement.**
> It's better to do it slowly and gently.

Nouvelles expressions
New Expressions

lentement : slowly
doucement : gently
il est mieux (de) : it's better (to)

Histoire 2

Est-ce que tu te rappelles?

Remplis les espaces pour compléter les phrases. Ensuite mets les événements en ordre.
Fill in the blanks to complete the sentences. Then put the events in order.

lièvre   prudent
lentement   course
tomber   buffle

A. Le _____ gagne la course.

B. Le lièvre et le buffle font la _____ .

C. Pendant la course, le _____ dépasse le lièvre.

D. Il décide qu'il est mieux d'être _____ .

E. Le buffle commence la course très _____ .

F. Le buffle a peur de _____ dans la fissure dans la terre.

Ordre d'événements

Histoire 2

Lettres brouillées

Crée des mots des lettres brouillées. Ensuite remplis les espaces pour compléter les phrases.

Unscramble the letters. Then fill in the blanks to complete the sentences.

errou**c**u

etndren**e**

êtrr**a**er

dent**p**ru

pass**d**ée

put**d**isten

1. Bientôt, le buffle _____ le lièvre.

2. Les animaux sont tristes qu'ils se _____ .

3. Le plus rapide _____ est le buffle.

4. Il est mieux d'être _____ .

5. Les animaux pensent qu'ils doivent _____ .

6. Ils en ont assez d'_____ les deux amis se disputer.

Histoire 2

Conjuguons ensemble

Complète les conjugaisons. Ensuite remplis les espaces avec la bonne conjugaison en utilisant « gagner » ou « savoir ».

Complete the conjugations. Then fill in the blanks with the correct conjugation using "to win" or "to know".

Gagner
to win

je	gagn__
tu	gagn__
il	gagn__
elle	gagn__
nous	gagn____
vous	gagn___
ils	gagn____
elles	gagn____

e
es
ons
ez
ent

s
t
ons
ez
ent

Savoir
to know

je	sai__
tu	sai__
il	sai__
elle	sai__
nous	sav____
vous	sav___
ils	sav____
elles	sav____

1. _____ you win

2. _____ they know (Molly and Ivy)

3. _____ we win

4. _____ he wins

5. _____ she knows

6. _____ you know (you, Ali, and Kelly)

7. _____ they win (the girls' team)

8. _____ I win

148   Complete FrenchSmart • Grade 5

Histoire 2

Conjuguons ensemble

Remplis les espaces à l'aide du tableau sur la page de gauche.
Fill in the blanks with the help of the table on the left page.

1. Même si le buffle ne _____ pas il est content.

2. Il _____ que le buffle peut courir rapidement que lui.

3. Le buffle dit : « Je _____ que c'est mieux d'être prudent. »

4. Les animaux demandent : « Est-ce que vous _____ qui est l'animal le plus rapide? »

5. Le lièvre dit au buffle : « Tu ne _____ pas. C'est moi! »

6. Il _____ qu'il a besoin de penser à un plan.

7. Nous _____ !

Histoire 2

Résumé de l'histoire

Fais un résumé de l'histoire « Le buffle prudent » à l'aide des phrases et des mots donnés.

Summarize the story "The Careful Buffalo" with the help of the given sentences and words.

courir
gagner
lentement
tomber
prudent

Le buffle et le lièvre ont l'idée de faire la course pour décider qui est le plus rapide. La course commence et le lièvre court rapidement mais _____

_____

_____

_____

Histoire 3

Le chacal rusé

Personnages

un jeune homme

un serpent femelle

un chacal

Un jour ensoleillé, un jeune homme marche sur la route. Tout d'un coup il voit quelque chose sous un **rocher**.

Le jeune homme ne peut pas continuer sur son **chemin** sans regarder parce qu'il est très curieux.

Réponses courtes

1. Qu'est-ce que le jeune homme fait?
2. Qu'est-ce qu'il y a sous le rocher?

Oh, mais quelle surprise! C'est un serpent femelle!

Alors, il s'approche pour voir ce qu'il y a sous le rocher.

Il voit un grand serpent femelle de couleur verte avec des **taches** jaunes et noires.

Tu as des taches colorées!
You have colourful spots!

Nouveaux mots
New Words

un rocher : rock
un chemin : path
une tache : spot

Le serpent femelle crie et crie. Ça fait longtemps qu'elle est coincée sous le rocher. « S'il vous plaît, aidez-moi! Ce rocher est tombé sur moi et maintenant je ne peux pas bouger », crie le serpent femelle.

Réponses courtes

1. Est-ce que le serpent femelle peut bouger?
2. Comment est-ce que le jeune homme aide le serpent femelle?

Le serpent femelle est très contente que le jeune homme va l'aider. Elle regarde les efforts du jeune homme avec satisfaction. Il enlève le rocher et libère le serpent femelle.

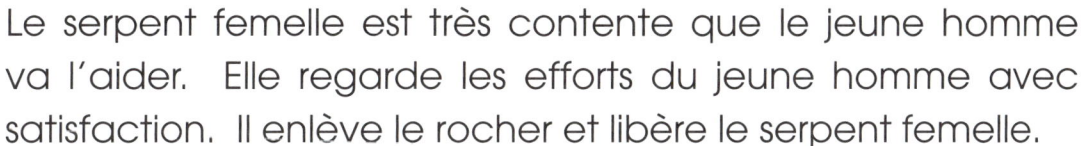

Comme **c'est horrible**! Laisse-moi faire, je vais t'aider!

Nouvelles expressions
New Expressions

C'est horrible!
This is terrible!

C'est horrible! : This is terrible!
tout d'un coup p.152 : suddenly
Quelle surprise! p.153 : What a surprise!

Mais quand le serpent femelle devient libre, elle saute et essaye de **mordre** le jeune homme. Le pauvre jeune homme est très surpris et fâché. Il saute pour **se sauver**.

Réponses courtes

1. Qu'est-ce que le serpent femelle fait?
2. Comment se sent le jeune homme?

Nouveaux verbes
New Verbs

mordre : to bite
(se) sauver : to save (oneself)
blesser : to hurt

Le jeune homme et le serpent femelle décident d'aller **voir** le chacal. Le chacal est célèbre parce qu'il est très, très rusé.

Est-ce que c'est juste qu'elle me mord quand je lui ai sauvé la vie?

Réponses courtes

1. Pourquoi est-ce que le chacal est célèbre?
2. Où est-ce que le chacal veut aller et pourquoi?

Le jeune homme et le serpent femelle **racontent** leur histoire au chacal. Le chacal **écoute** attentivement et donne sa réponse lentement.

Hmmm…bon, **amenez**-moi au rocher. Je veux voir l'endroit moi-même.

Nouveaux verbes
New Verbs

voir : to see
raconter : to tell (a story)
écouter : to listen   amener : to bring

Je raconte l'histoire et tu écoutes!
I tell the story and you listen!

Ils arrivent à l'endroit avec le rocher. Le chacal regarde le rocher et il réfléchit.

Réponses courtes

1. Qu'est-ce que le jeune homme et le chacal font?
2. Est-ce que la réaction du serpent femelle est bonne ou mauvaise?

« **Montre-moi** où tu te trouvais quand le jeune homme est arrivé », demande le chacal au serpent femelle. Le jeune homme et le chacal mettent le rocher sur le serpent femelle. Le serpent femelle est surprise et fâchée.

Mettons le rocher sur elle, **comme avant**!

Je veux voir ta photo. Montre-moi!
I want to see your picture. Show me!

Nouvelles expressions
New Expressions

Montre-moi! : Show me!
comme avant : like before

Encore une **fois**, le jeune homme veut aider le serpent femelle. Il est triste pour elle. Le chacal lui dit de ne pas le faire parce que le serpent femelle va le mordre encore.

Mais non! Elle va essayer de te mordre encore!

Réponses courtes

1. Où se trouve le serpent femelle maintenant?
2. Qu'est-ce que le jeune homme veut faire encore?

Histoire 3

Est-ce que tu te rappelles?

Remplis les espaces avec les mots donnés. Ensuite mets les événements en ordre.

Fill in the blanks with the given words. Then put the events in order.

Le chacal rusé

A. Le jeune homme et le _____ décident d'aller voir le chacal.

B. Le jeune homme _____ la vie de serpent femelle.

C. Le jeune homme et le _____ laissent le serpent femelle sous le rocher.

D. Le serpent femelle essaye de mordre le _____ .

E. Le jeune homme a appris son erreur et ne va pas faire la _____ erreur.

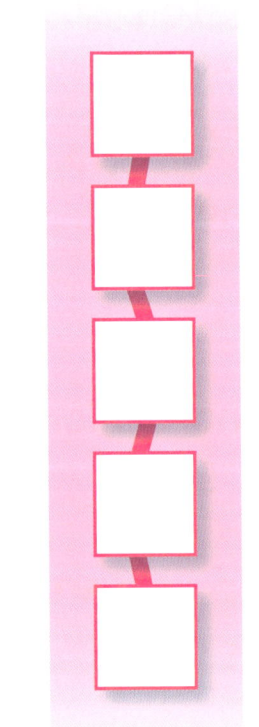

Ordre d'événements

Histoire 3

Imagine un dialogue

Écris les dialogues entre les personnages.
Write the dialogues between the characters.

Exemples :

Ce n'est pas juste!

C'est horrible!

Histoire 3

Conjuguons ensemble

Complète les conjugaisons. Ensuite remplis les espaces avec la bonne conjugaison en utilisant « bouger » ou « mettre ».

Complete the conjugations. Then fill in the blanks with the correct conjugation using "to move" or "to put".

Bouger
to move

Mettre
to put

Bouger endings: e, es, ons, ez, ent
Mettre endings: s, ons, ez, ent

	Bouger		Mettre
je	boug__	je	met__
tu	boug__	tu	met__
il	boug__	il	met
elle	boug__	elle	met
nous	boug**e**__	nous	mett__
vous	boug__	vous	mett__
ils	boug__	ils	mett__
elles	boug__	elles	mett__

1. _____ you move (you and Melanie)

2. _____ we put

3. _____ they move (Kami, Maci, and Mia)

4. _____ they put (Karla, Dan, and Chris)

5. _____ you move

6. _____ he puts

Mettons le rocher sur elle!

Histoire 3

Conjuguons ensemble

Remplis les espaces à l'aide du tableau sur la page de gauche.
Fill in the blanks with the help of the table on the left page.

1. Le serpent femelle est coincée et ne _____ pas.

2. Le jeune homme et le chacal _____ le rocher sur le serpent femelle.

3. « Pourquoi est-ce que vous _____ le rocher sur moi? » demande le serpent femelle.

4. « Parce que nous ne voulons pas que tu _____ », répond le chacal.

5. « Si nous _____ le rocher, est-ce que tu vas nous mordre? » demande le jeune homme.

6. Nous _____ le rocher sur elle pour lui apprendre une leçon.

Histoire 3

Résumé de l'histoire

Fais un résumé de l'histoire « Le chacal rusé » à l'aide des phrases et des mots donnés.
Summarize the story "The Wise Jackal" with the help of the given sentences and words.

Le chacal rusé

le chacal   sauver   mordre
le rocher   une erreur

Quand un jeune homme voit un serpent femelle sous un rocher, il s'arrête et va l'aider. Mais quand elle devient libre, elle saute et

_____

_____

_____

_____

_____

_____

_____

Soyez sage, jeune homme!

Histoire 4

La citrouille

Personnages

un roi

une jeune fille

un servant

Il y a longtemps, il y avait un roi qui se perdait toujours. Un jour, quand il est à la **chasse**, il perd son chemin.

Où sommes-nous?

Réponses courtes

1. Quand est-ce que le roi perd son chemin?
2. Qu'est-ce que la jeune fille fait?

Tout d'un coup, il passe un **carré de citrouilles** et il voit une jeune fille qui travaille là. Il décide de parler à la jeune fille.

Ouah! Elle est très **belle**!

Nous sommes dans un carré de citrouilles.
We are in a pumpkin patch.

Nouveaux mots
New Words

la chasse : hunting
le carré de citrouilles : pumpkin patch
belle : beautiful

Le roi **a soif** et il voit que la jeune fille a une cruche d'eau. Il demande à la jeune fille de lui donner de l'eau de sa cruche.

4

> Ma vieille cruche d'eau n'**est** pas **assez bonne** pour vous, mon roi.

Réponses courtes

1. Qu'est-ce que le roi demande à la jeune fille?
2. Est-ce que la jeune fille pense que sa cruche d'eau n'est pas assez bonne pour le roi?

Mais le roi pense que la cruche d'eau est parfaite. Donc la jeune fille lui donne la cruche d'eau. Le roi boit l'eau et se trouve bien satisfait.

> J'aime ce chapeau. C'est assez bon pour moi.
> I like this hat. It is good enough for me.

Nouvelles expressions
New Expressions

avoir soif : to be thirsty

être assez bon(ne) : to be good enough

il y a longtemps p.170 : long ago

Quand le roi finit de **boire** de l'eau, la jeune fille décide de **casser** la cruche en morceaux et la jette par terre. Le roi est bien content.

Personne ne va boire de cette cruche après le roi.

Servant, trouve la fille et dis-lui de mettre une citrouille dans la cruche.

Réponses courtes

1. Pourquoi est-ce que la jeune fille décide de casser la cruche en morceaux?

2. Qu'est-ce que le servant fait pour le roi?

Le servant trouve la jeune fille et lui donne la cruche. Il lui dit ce que le roi veut.

Je vais faire la volonté du roi.

Oh non! Nous avons cassé une autre fenêtre.
Oh no! We broke another window.

Nouveaux verbes
New Verbs

boire : to drink
casser : to break
se perdre p.170 : to get lost

Des mois plus tard, la jeune fille va voir le roi pour lui montrer sa cruche avec une grande citrouille à l'intérieur. Elle montre au roi comment elle a fait. Le roi **est impressionné par** son intelligence.

Ouaaah! Tu l'as fait! Je suis bien impressionné!

Réponses courtes

1. Qu'est-ce que la jeune fille va montrer au roi?
2. Qu'est-ce que le roi demande à la jeune fille?

« Tu es aussi belle que tu es intelligente », le roi dit à la jeune fille. « Est-ce que tu veux m'épouser? » demande-t-il.

Oui, je veux t'épouser!

Je suis impressionnée par son habilité.
I am impressed by his skill.

Nouvelles expressions
New Expressions

des mois plus tard : months later
être impressionné par : to be impressed by
sa volonté p.175 : his/her will

Le roi demande à sa nouvelle épouse comment elle a fait pour mettre la citrouille dans la cruche.

Je suis **curieux**...

C'est très simple!

Réponses courtes

1. Qu'est-ce que le roi veut savoir?
2. Où est-ce que la jeune fille a mis la fleur de la citrouille?

« J'ai pris la fleur de la citrouille et je l'ai mise dans la cruche », elle explique.

Je suis curieux. Je **veux** voir à l'**intérieur** de la boîte!
I am curious. I want to see inside the box!

Prononciation
Pronunciation

Le son [euh]

curieux   **veux** p.177   **intérieur** p.176
curious   want   inside

« J'ai **arrosé** la fleur chaque jour et la plante a poussé et elle est devenue une citrouille. Bientôt, elle est devenue aussi grande que la cruche », elle dit.

Réponses courtes

1. Qu'est-ce que la jeune fille arrose chaque jour?
2. Comment est-ce que le roi décrit la jeune fille?

L'histoire que la jeune fille raconte fait **sourire** le roi. « Comme tu es une épouse belle et intelligente! Nous allons **vivre** heureux ensemble pour le reste de notre vie! » il dit.

Nouveaux verbes
New Verbs

Souris pour moi!
Smile for me!

arroser : to water
sourire : to smile
vivre : to live

Histoire 4

Mots croisés

Complète les mots croisés.
Complete the crossword puzzle.

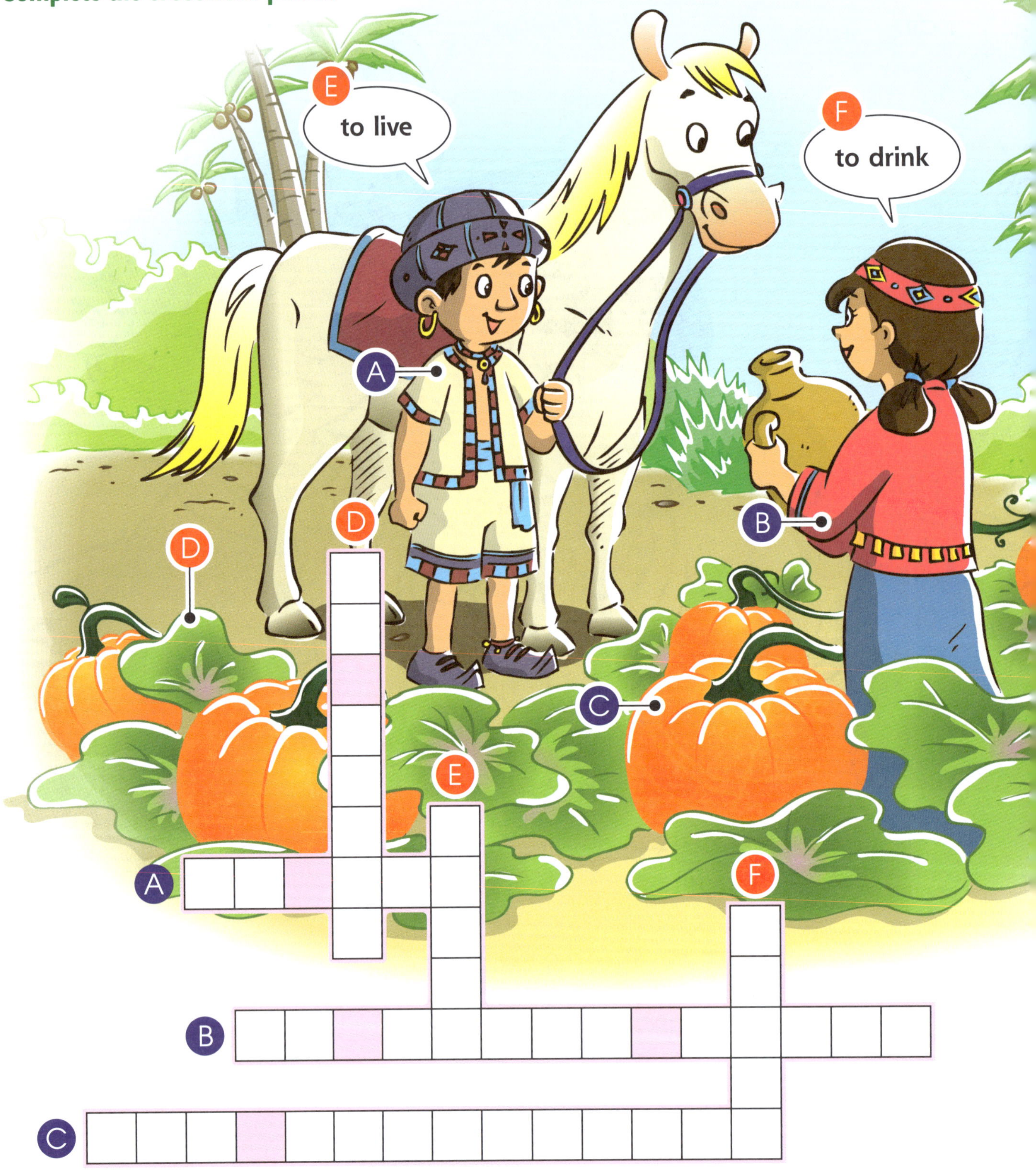

E: to live
F: to drink

Histoire 4

Est-ce que tu te rappelles?

Remplis les espaces avec les mots dans les mots croisés. Ensuite mets les événements en ordre.
Fill in the blanks with the words in the crossword puzzle. Then put the events in order.

A. Le roi dit à _____ qu'elle est belle et intelligent.

B. Le roi et la jeune fille vont _____ heureux ensemble.

C. La jeune fille cultive _____ à l'intérieur d'une cruche.

D. Le roi passe _____ de citrouilles et voit une jeune fille.

E. Le roi a soif et la jeune fille lui donne de l'eau à _____ .

F. _____ épouse la jeune fille.

Ordre d'événements

☐ ☐ ☐ ☐ ☐ ☐

Histoire 4

Conjuguons ensemble

Complète les conjugaisons. Ensuite remplis les espaces avec la bonne conjugaison en utilisant « montrer » ou « voir ».

Complete the conjugations. Then fill in the blanks with the correct conjugation using "to show" or "to see".

Montrer
to show

je	montr__
tu	montr___
il	montr__
elle	montr__
nous	montr____
vous	montr___
ils	montr____
elles	montr____

Endings: e, es, ons, ez, ent

Voir
to see

je	voi__
tu	voi__
il	voi__
elle	voi__
nous	voy____
vous	voy___
ils	voi____
elles	voi____

Endings: s, t, ons, ez, ent

1. _____ they show (Cassie and Grace)
2. _____ we see
3. _____ you see (you and Jericho)
4. _____ I show
5. _____ she sees
6. _____ they show (Adam, Tucker, and Sam)
7. _____ they see

184 Complete FrenchSmart • Grade 5

Histoire 4

Conjuguons ensemble

Remplis les espaces à l'aide du tableau sur la page de gauche.
Fill in the blanks with the help of the table on the left page.

1. Le roi _____ une jeune fille dans un carré de citrouilles.

2. La jeune fille lui _____ comment elle a mis la citrouille dans la cruche.

3. Le roi a soif, il dit à la jeune fille : « Je _____ que tu as une cruche d'eau. »

4. Est-ce que vous _____ comment la jeune fille a fait?

5. Oui, à la fin nous _____ parce qu'elle nous explique comment!

6. Est-ce que le roi et la jeune fille _____ qu'ils sont heureux?

Histoire 4

Résumé de l'histoire

Fais un résumé de l'histoire « La citrouille » à l'aide de la phrase et des mots donnés.
Summarize the story "The Pumpkin" with the help of the given sentence and words.

La citrouille

épouser   à l'intérieure
boire   intelligente
une cruche

Quand un roi, qui est perdu, voit une jeune fille qui travaille dans un carré de citrouilles, il _____

_____

_____

_____

_____

Histoire 5

Le pique-nique

Personnages

Papa et Maman

Daniel

Geneviève

C'est l'été et Daniel et Geneviève veulent faire un pique-nique. Ils cherchent dans le frigo et choisissent des **goûters** délicieux à apporter avec eux.

Geneviève choisit d'apporter du lait.

Réponses courtes

1. Qu'est-ce que Daniel et Geneviève veulent faire?
2. Quelle boisson est-ce que Geneviève choisit d'apporter?

Daniel prend son **appareil photo** avec lui. Il veut prendre beaucoup de photos parce qu'il aime bien la photographie.

N'oubliez pas d'apporter des **boissons** saines avec vous!

Souriez!

Tom, où est l'appareil photo?
Tom, where is the camera?

Nouveaux mots
New Words

un goûter : snack
un appareil photo : camera
une boisson : drink

Au parc, Papa s'assoit sur la pelouse mais la pelouse est humide et Papa fait une grimace. Tout le monde **rit**!

Pouah!

Prends une photo de Papa, Daniel!

Réponses courtes

1. Pourquoi est-ce que tout le monde rit?
2. Que font les abeilles?

Des abeilles **bourdonnent** au-dessus du sandwich de Geneviève.

Puis, les abeilles chassent Daniel et Geneviève qui courent pour s'échapper. Ils n'aiment pas les abeilles!

Teddy, je bourdonne autour de toi. Je ris de toi!
Teddy, I am buzzing around you. I am laughing at you!

Nouveaux verbes
New Verbs

rire : *to laugh*
bourdonner : *to buzz*
choisir p.188 : *to choose*

Comme les abeilles sont ennuyeuses! Finalement les abeilles partent et Maman verse un verre de lait pour Geneviève. **Ce n'est pas possible**, une mouche vole dans son verre! Papa prend une photo de Geneviève qui est dégoûtée.

Réponses courtes

1. Pourquoi est-ce que Geneviève est dégoûtée?
2. Combien de photos est-ce que Papa prend?

Daniel sent quelque chose monter sur sa jambe. **Une armée de** fourmis avance vers son genou!

Ah, voilà!

Papa prend une autre photo. Papa aime bien prendre des photos de la famille et il prend beaucoup de photos.

Ce n'est pas possible!
It's not possible!

Nouvelles expressions
New Expressions

Ce n'est pas possible. : It's not possible.
une armée de : an army of
faire une grimace p.190 : make a face

Complete FrenchSmart • Grade 5   193

Une forte **brise** chasse les **assiettes en carton**. Les enfants courent après les assiettes en carton et pauvre Geneviève tombe sur le gâteau.

Attrape les assiettes en carton!

Papa prend une autre photo.

Réponses courtes

1. Qui chasse les assiettes en carton?
2. Pourquoi est-ce que maman panique?

Maman donne à manger aux **canards**. Elle panique quand tout un troupeau de canards vient vers elle. Elle commence à courir et les canards la chassent.

Coin-coin! Coin-coin!

Voici une assiette en carton.
Here is a paper plate.

Nouveaux mots
New Words

une brise : breeze
une assiette en carton : paper plate
un canard : duck

Un grand nuage noir couvre le soleil. Il fait froid et ils n'ont pas de manteaux. Ils ont tous peur qu'il va pleuvoir. Ils veulent rentrer à la maison.

Est-ce qu'on peut retourner à la maison maintenant?

Réponses courtes

1. Pourquoi est-ce que la famille a froid?
2. Pourquoi est-ce qu'ils décident de courir à la voiture?

Courez les enfants!

Bientôt, il commence à pleuvoir. Toute la famille **décide** de courir à la voiture. Ils sont tous trempés!

Cette boisson est délicieuse.
This drink is delicious.

Prononciation
Pronunciation

Le son [s]

dé<u>c</u>ide
decide

<u>c</u>'est p.188
it is

boi<u>ss</u>on p.189
drink

Ahh...finalement les voilà **de retour à** la maison. Ils sont bien au chaud maintenant. Ils boivent tous du chocolat chaud et ils se rappellent leur journée.

Réponses courtes

1. Que fait la famille quand ils retournent à la maison?
2. Est-ce que la famille va oublier ce pique-nique?

Ils regardent les photos de Papa sur l'ordinateur et ils rient ensemble.

Nous n'allons jamais oublier ce pique-nique!

Je suis de retour au Canada!
I am back in Canada!

Nouvelles expressions
New Expressions

de retour à : **back (in/at)**
faire froid p.196 : **to be cold (weather)**
être trempé(e) p.197 : **to be soaked**

Histoire 5

Est-ce que tu te rappelles?

Remplis les espaces pour compléter les phrases. Ensuite mets les événements en ordre.
Fill in the blanks to complete the sentences. Then put the events in order.

A. Papa s'assoit sur la _____ mais elle est humide.

B. _____ et sa famille préparent un pique-nique.

C. C'est un pique-nique que la famille ne va jamais _____ .

D. Quand il commence à _____ , toute la famille rentre à la maison.

E. Daniel et Geneviève choisissent des _____ délicieux à apporter avec eux.

Ordre d'événements

Histoire 5
À l'écrit

Résous les devinettes. Ensuite dessine des images et écris les réponses.
Solve the riddles. Then draw the pictures and write the answers.

Devinettes ???

1. Geneviève choisit cette boisson.
2. Ces insectes montent sur le genou de Daniel.
3. Maman donne à manger à ces animaux.
4. Papa prend beaucoup de ces choses.
5. Ces insectes bourdonnent et sont très ennuyeuses.

Histoire 5

Conjuguons ensemble

Complète les conjugaisons. Ensuite remplis les espaces avec la bonne conjugaison en utilisant « oublier » ou « choisir ».

Complete the conjugations. Then fill in the blanks with the correct conjugation using "to forget" or "to choose".

Oublier — to forget

j'	oubli__
tu	oubli__
il	oubli__
elle	oubli__
nous	oubli____
vous	oubli__
ils	oubli____
elles	oubli____

Endings: e, es, ons, ez, ent

Choisir — to choose

je	chois__
tu	chois__
il	chois__
elle	chois__
nous	choisiss____
vous	choisiss____
ils	choisiss____
elles	choisiss____

Endings: is, it, ons, ez, ent

1. _____ you choose

2. _____ Sam and I choose

3. _____ you forget

4. _____ Mr. Wilde chooses

5. _____ Adam and Mia choose

6. _____ the boys' team forgets

7. _____ you and Kate choose

8. _____ Mimi and I forget

9. _____ Ms. Hall forgets

Histoire 5

Conjuguons ensemble

Remplis les espaces à l'aide du tableau sur la page de gauche.
Fill in the blanks with the help of the table on the left page.

1. Geneviève et son frère _____ les goûters pour le pique-nique.

2. Geneviève _____ d'apporter du lait.

3. Papa dit : « N'_____ pas d'apporter des boissons saines avec vous! »

4. La famille dit : « Nous n'_____ jamais ce pique-nique! »

5. Papa n'_____ pas de prendre des photos.

6. Est-ce que vous _____ de lire cette histoire encore?

7. Oui, nous le _____ !
Cette une bonne histoire!

Histoire 5

Résumé de l'histoire

Fais un résumé de l'histoire « Le pique-nique » à l'aide de la phrase et des mots donnés.
Summarize the story "The Picnic" with the help of the given sentence and words.

Le pique-nique

C'est l'été et la famille de Daniel et Geneviève veut faire un pique-nique au parc où _____

_____

_____

_____

_____

Amusez-vous avec les dialogues
Have Fun with Dialogues

1. Make your conjugation book.

    a. Cut out pages 209 to 212.

    b. Cut along the dotted lines to make six spread pages.

    c. Fold the spread pages and put them in order.

    d. Staple them.

2. Complete the dialogues on page 207 by filling in the correct verbs with the help of the conjugation book.

3. Cut out the dialogues and paste them in the boxes to see what the children and the animals are saying.

L'oiseau _____ un chapeau. Il _____ drôle.
to wear / to be

Je _____ lire tous les livres aujourd'hui.
to want

Nous _____ des graines d'or. Ensuite nous _____ riches!
to plant / to become

Teddy et moi, nous _____ que Maman _____ peur.
to know / to have

J'_____ faim. Je _____ votre nourriture.
to have / to take

Mon oiseau _____ de sa cage!
to escape

Tu _____ beaucoup.
to study

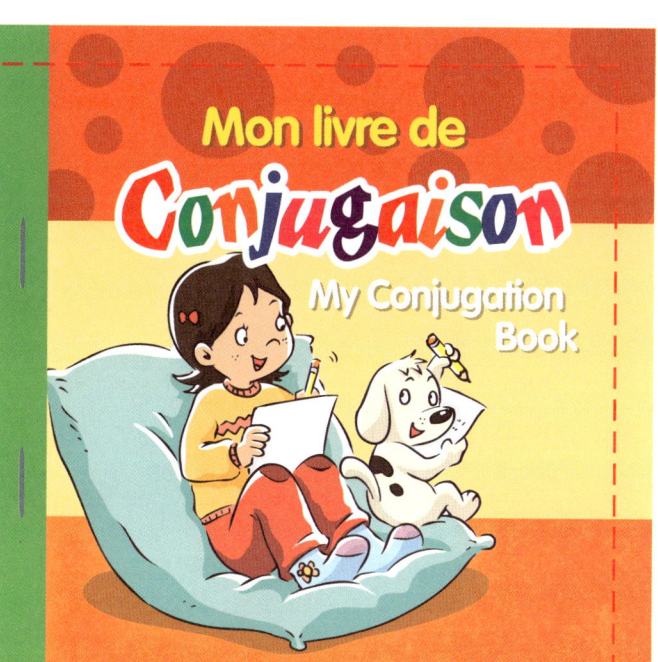

Mon livre de Conjugaison

My Conjugation Book

se perdre
to get lost

je	me perds
tu	te perds
il	se perd
elle	se perd
nous	nous perdons
vous	vous perdez
ils	se perdent
elles	se perdent

21

avoir
to have

j'	ai
tu	as
il	a
elle	a
nous	avons
vous	avez
ils	ont
elles	ont

2

prendre / croire
to take / to believe

	prendre	croire
je	prends	crois
tu	prends	crois
il	prend	croit
elle	prend	croit
nous	prenons	croyons
vous	prenez	croyez
ils	prennent	croient
elles	prennent	croient

19

J'oublie mes lunettes.

4

	être to be	**faire** to do
je	suis	fais
tu	es	fais
il	est	fait
elle	est	fait
nous	sommes	faisons
vous	êtes	faites
ils	sont	font
elles	sont	font

	oublier to forget	**étudier** to study
j'	oublie	étudie
tu	oublies	étudies
il	oublie	étudie
elle	oublie	étudie
nous	oublions	étudions
vous	oubliez	étudiez
ils	oublient	étudient
elles	oublient	étudient

	penser to think	**montrer** to show
je	pense	montre
tu	penses	montres
il	pense	montre
elle	pense	montre
nous	pensons	montrons
vous	pensez	montrez
ils	pensent	montrent
elles	pensent	montrent

	savoir to know	**voir** to see
	sais	vois
	sais	vois
	sait	voit
	sait	voit
	savons	voyons
	savez	voyez
	savent	voient
	savent	voient

	boire to drink	**rire** to laugh
je	bois	ris
tu	bois	ris
il	boit	rit
elle	boit	rit
nous	buvons	rions
vous	buvez	riez
ils	boivent	rient
elles	boivent	rient

	décider to decide	**demander** to ask
	décide	demande
	décides	demandes
	décide	demande
	décide	demande
	décidons	demandons
	décidez	demandez
	décident	demandent
	décident	demandent

	mettre to put	**vouloir** to want
je	mets	veux
tu	mets	veux
il	met	veut
elle	met	veut
nous	mettons	voulons
vous	mettez	voulez
ils	mettent	veulent
elles	mettent	veulent

Je trouve mes lunettes!

	devenir to become	**courir** to run
je	deviens	cours
tu	deviens	cours
il	devient	court
elle	devient	court
nous	devenons	courons
vous	devenez	courez
ils	deviennent	courent
elles	deviennent	courent

Je porte mes chaussettes.

	porter to wear
	porte
	portes
	porte
	porte
	portons
	portez
	portent
	portent

Complete FrenchSmart • Grade 5

	donner to give	**trouver** to find
je	donne	trouve
tu	donnes	trouves
il	donne	trouve
elle	donne	trouve
nous	donnons	trouvons
vous	donnez	trouvez
ils	donnent	trouvent
elles	donnent	trouvent

7

Nous vivons une vie passionnante.

	vivre to live
je	vis
tu	vis
il	vit
elle	vit
nous	vivons
vous	vivez
ils	vivent
elles	vivent

16

	s'échapper to escape
je	m'échappe
tu	t'échappes
il	s'échappe
elle	s'échappe
nous	nous échappons
vous	vous échappez
ils	s'échappent
elles	s'échappent

9

	réfléchir to reflect	**choisir** to choose
je	réfléchis	choisis
tu	réfléchis	choisis
il	réfléchit	choisit
elle	réfléchit	choisit
nous	réfléchissons	choisissons
vous	réfléchissez	choisissez
ils	réfléchissent	choisissent
elles	réfléchissent	choisissent

14

	préférer to prefer	**regarder** to look at, to watch
je	préfère	regarde
tu	préfères	regardes
il	préfère	regarde
elle	préfère	regarde
nous	préférons	regardons
vous	préférez	regardez
ils	préfèrent	regardent
elles	préfèrent	regardent

11

	planter to plant
je	plante
tu	plantes
il	plante
elle	plante
nous	plantons
vous	plantez
ils	plantent
elles	plantent

Il plante un arbre.

12

Réponses / Answers — Grade 5

1 Les parties du corps
Body Parts

B. 1. la joue
   2. le coude
   3. les oreilles
   4. le nez ; la bouche
   5. les sourcils ; la main
   6. les yeux
   7. les lèvres
   8. les genoux
   9. les cheveux

C. (Dessin individuel)
   A: les yeux   B: le nez
   C: le menton   D: les cheveux
   E: les sourcils   F: la main
   G: la bouche   H: les oreilles

D. 1. l'orteil
   2. la poitrine
   3. le doigt

E. 1. mon visage   2. ta bouche
   3. ses lèvres   4. son bras
   5. ton oreille   6. mes genoux

F. 1. mes yeux.
   2. Voilà ton coude.
   3. Voilà ses lèvres.
   4. Voilà ses joues.
   5. Voilà ma main.
   6. Voilà mes genoux.
   7. Voilà sa tête.
   8. Voilà ses oreilles.

2 Les activités quotidiennes
Daily Activities

B. D: regarder
   E: dessiner
   A: étudier
   B: manger
   C: parler

C. 1. vous   2. ils
   3. nous   4. elles

D. 1. étudiez   2. aident
   3. parle   4. regardes
   5. pleurent   6. rêvons
   7. écoute   8. pense

E. A: nage   B: pense
   C: marchons   D: parlent
   E: pleure   F: dansent
   G: rêve   H: sommeille
   I: écoute   J: mange

F. 1. danser
   2. J'aime dessiner des tigres.
   3. Sophie aime rêver la nuit.
   4. Nous aimons parler.
   5. Vous aimez étudier le français.
   6. Ils aiment manger leurs légumes.

3 Les accessoires
Accessories

B. 1. collier
   2. bague
   3. sac
   4. cravate
   5. lunettes ; brosse à cheveux

C. F: les boutons
   H: une écharpe
   A: un chapeau
   G: une brosse à cheveux
   C: une cravate
   B: un bracelet
   E: un collier
   D: une montre
   ("Une ceinture" and "un sac" are dummies.)

D. 1. des montres
   2. des colliers
   3. le bracelet
   4. les accessoires
   5. un sac
   6. des chapeaux
   7. des écharpes
   8. une bague
   9. les portefeuilles
   10. une cravate
   11. les ceintures
   12. des chaussures

E. 1. des bagues ; porte une bague
   2. portes une montre ; portent des montres
   3. portez des chapeaux ; porte un chapeau
   4. porte des chaussures ; portes des chaussures

Réponses Answers

F.

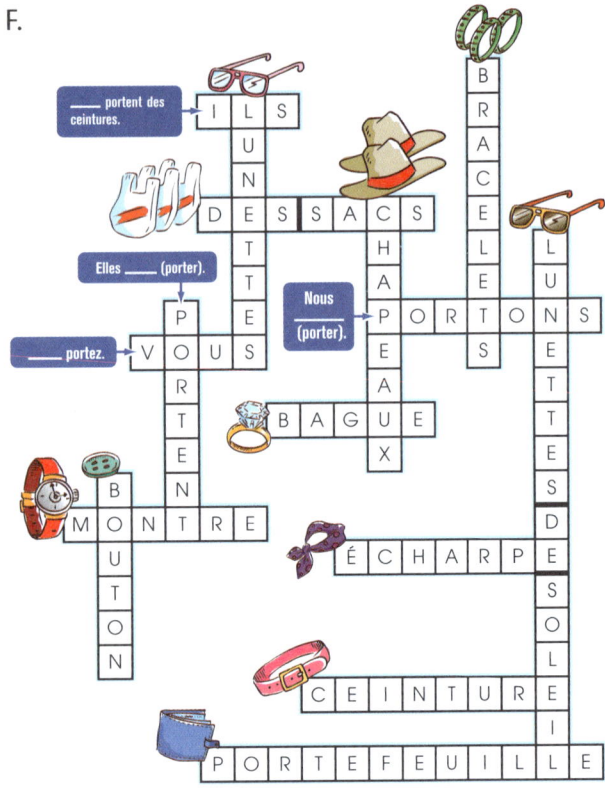

4 Les émotions
Feelings

B.

- effrayée
- excitée
- contente
- triste
- fâchée

les expressions

C. (Réponses individuelles)

D. masculine : triste ; gentil ; ennuyé ; fâché ; fatigué ; drôle ; timide

feminine : gentille ; triste ; fâchée ; ennuyée ; drôle ; timide

E. 1. heureuse 2. ennuyé
3. gentille 4. fâché
5. contents 6. excitée
7. effrayée

F. (Réponses individuelles)

5 Les fruits et les légumes
Fruits and Vegetables

B. (Réponses individuelles)

C. Les légumes : un brocoli ; des pommes de terre ; une carotte ; le maïs ; une tomate ; un poivron vert

Les fruits : un kiwi ; des bananes ; une orange ; une fraise ; un ananas ; un melon d'eau ; des raisins ; des bleuets ; une pomme

D. 1. un kiwi ; une pêche
2. une fraise ; un champignon ; la laitue ; un concombre ; une framboise
3. une carotte ; une pomme de terre

E. A: pommes de terre
B: carottes
C: oranges
D: pomme
E: tomates
F: poivrons
G: fraises

F. 1. C'est ; Ce sont
2. C'est une banane. ; Ce sont des bananes.
3. C'est un bleuet. ; Ce sont des bleuets.
4. C'est un kiwi. ; Ce sont des kiwis.
5. C'est une orange. ; Ce sont des oranges.
6. C'est une tomate. ; Ce sont des tomates.
7. C'est un champignon. ; Ce sont des champignons.

6 Les produits laitiers
Milk Products

B. 1. yogourt
2. beurre
3. fromage
4. crème glacée
5. lait
6. crème fouettée

C. crème glacée
fromage
lait au chocolat
yogourt
Le mot mystère est lait.

214   Complete FrenchSmart • Grade 5

D.

Milk Products — **Les produits laitiers**

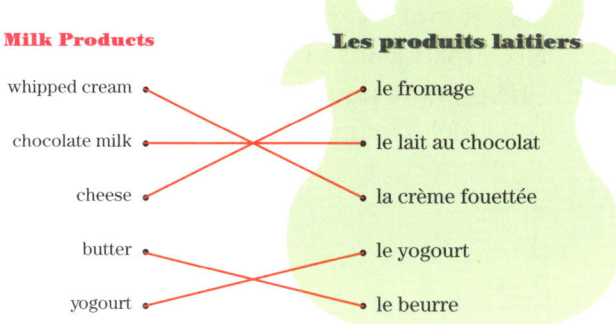

whipped cream — la crème fouettée
chocolate milk — le lait au chocolat
cheese — le fromage
butter — le beurre
yogourt — le yogourt

E. A: le lait
   B: le beurre/le fromage
   C: la crème glacée
   D: la crème fouettée/le yogourt

F. 1. Tu manges du beurre.
   2. Nous mangeons de la crème fouettée.
   3. Je mange de la crème glacée.
   4. Il mange du yogourt.

G.
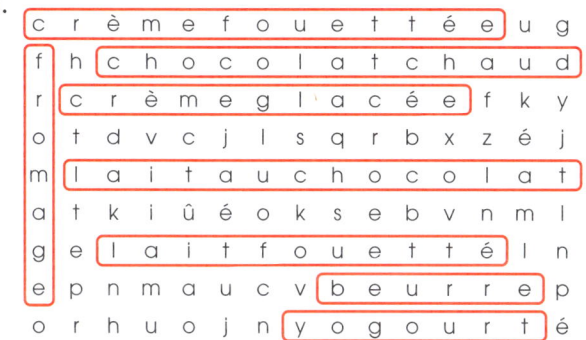

H. 1. Je bois du lait fouetté.
   2. Je bois du lait au chocolat.
   3. Je bois du chocolat chaud.
   4. Je bois de la soupe.

7 Les viandes et les substituts
Meat and Alternatives

B. (Réponses individuelles)
C. 1. le bœuf
   2. la crevette
   3. l'amande
   4. le houmous
   5. l'œuf
   6. l'arachide
D. 1. les viandes rouges
   2. la volaille
   3. les fruits de mer

E. A: les amandes
   B: les fèves
   C: les haricots de Lima
   D: la dinde
   E: les fruits de mer
   F: le beurre d'arachide
   G: le bœuf
   H: les arachides
   I: le canard
   J: l'agneau
   K: les œufs

F. 1. Quel   2. Quelles
   3. Quelle   4. Quelle
   5. Quel   6. Quelles
   7. Quelle   8. Quels
   9. Quelles   10. Quelles

G. 1. Quel bœuf
   2. Quel porc
   3. Quelle arachide
   4. Quelles amandes préférez-vous?
   5. Quels fruits de mer préférez-vous?

8 Les céréales
Grains

B. 1. les grains/le riz/le blé
   2. le pain
   3. le maïs soufflé
   4. les craquelins
   5. les pâtes
   6. les crêpes
   7. A: les crêpes
      B: le gruau
      C: le maïs

C. (Réponses individuelles)
D. (Réponses individuelles)
E. Au déjeuner je mange des craquelins.
   Au dîner je mange du pain.
   Au souper je mange du riz.

F. 1. des   2. du
   3. de l'   4. du
   5. des   6. du
   7. des   8. de la

G. 1. nagez ; You swim in the pool.
   2. arrangeons ; We arrange our papers.
   3. changent ; They change their shoes.

Réponses Answers

   4. manges ; You eat turkey.
   5. partageons ; We share cookies.
   6. mange ; She eats bread.
H. A: pain
   B: Le garçon mange du maïs soufflé.
   C: La fille mange des crêpes.
   D: Le garçon mange du maïs.
   E: L'oiseau mange des grains.
   F: La souris mange des pâtes.

La révision 1
Revision 1
A. 1. C 2. B
   3. C 4. C
   5. A 6. B
   7. B 8. C
   9. C 10. A
   11. C 12. B
   13. C 14. C
   15. A 16. C
B. A: les sourcils
   B: son œil
   C: les cheveux
   D: une montre
   E: la bague
   F: un bracelet
   G: le fromage
   H: le riz
   I: la laitue
   J: le poulet
   K: un ananas
   L: l'orange
   M: un raisin
   N: une gaufre
   O: la crème fouettée
   P: les œufs
   Q: les biscuits
C. Tu : E
   J'aime : A
   Il porte : C
   J'écoute avec : H
   Voilà ma : K
   Alice est : D

Paul est : G
Julie et moi : B
Nous mangeons : I
Une pomme pousse : J
Le pluriel d' « un chapeau » est : F
D. 1. B 2. B
   3. B 4. A
   5. A 6. B
   7. C 8. C

9 Les nombres : de 1 à 69
Numbers: 1 to 69
B. 0-39: vingt-cinq ; dix ; vingt-deux ; seize ; trente-quatre ; trente
   40-49: quarante ; quarante-six
   50-59: cinquante et un ; cinquante-neuf ; cinquante-huit
   60-69: soixante-six
C. 1. quinze
   2. quarante
   3. cinq
   4. cinquante-sept ; cinquante-huit
   5. quarante et un
   6. quarante-cinq ; cinquante-cinq
   7. vingt et un ; vingt-quatre
D. 1. 9
   2. 50
   3. 47
   4. 18
   5. 53
   6. 44
   7. 36
   8. 25
   9. cinquante-cinq ; quarante-huit ; vingt-six ; cinquante-trois ; trente et un ; trente-neuf ; soixante-quatre
E. 1. Quarante
   2. Huit
   3. Cinq
F. 1. Vingt-trois est plus grand que treize.
   2. Cinquante-deux est plus grand que vingt-cinq.
   3. Seize est plus petit que soixante.

10 La quantité et les équations
Quantity and Equations

B. 1. l'addition
   2. le signe égal
   3. la somme
   4. les chiffres
   5. les nombres
   6. la soustraction
   7. plus

C. l'addition : A ; D ; E ; F
   la soustraction : B ; C

D. 1. trop
   2. peu
   3. plus ; petit
   4. très
   5. plus ; fatiguée
   6. beaucoup ; très

E. D ; A ; E ; C ; B

F. 1. 30 – 3 = 27
   2. 12 + 6 = 18
   3. 60 – 16 = 44

G. A: cinq ; dix-huit ; 13 + 5 = 18
   B: deux égalent quatre ; 6 – 2 = 4
   C: Trente-quatre plus treize égalent quarante-sept. ; 34 + 13 = 47
   D: Vingt-quatre moins cinq égalent quinze. ; 24 – 5 = 19
   E: Soixante-quatre moins quatre égalent soixante. ; 64 – 4 = 60

H. 1. font quatre et deux ; Quatre et deux font six.
   2. Combien font un et cinq? ; Un et cinq font six.
   3. Combien font deux et sept? ; Deux et sept font neuf.

11 Les métiers
Professions

B. A: une charpentière
   B: un réalisateur
   C: une factrice
   D: un artiste
   E: un boulanger
   F: un plombier
   G: une pompière
   H: une musicienne

C. un avocat ; une fermière ; une factrice ; un infirmier ; la dentiste ; le boulanger ; une musicienne ; un réalisateur

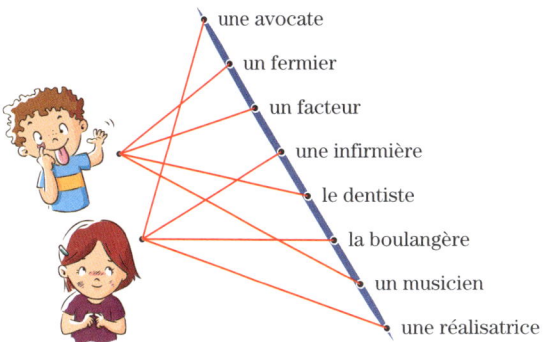

D. 1. tu
   2. vous
   3. vous
   4. tu
   5. vous
   6. tu

E. 1. son médecin
   2. sa sœur

F. 1. policier
   2. policière
   3. policière
   4. policiers
   5. policières
   6. policiers

12 En ville
In the City

B. 1. l'épicerie
   2. le cinéma
   3. la gendarmerie
   4. l'église
   5. l'aéroport
   6. l'hôpital
   7. la boulangerie
   8. le parc
   9. le musée

C. Transportation : l'épicerie ; l'hôtel
   Loisirs : l'autobus ; la banque
   Services Publics : la ville ; la banque

D. 1. la boulangerie
   2. le cinéma
   3. l'école

Réponses Answers

    4. le dépanneur/le supermarché/l'épicerie
    5. le magasin
E. 1. nouveau
    2. petite
    3. nouvel
    4. mauvais
    5. bonne
    6. bel
    7. vieille
    8. vieil
    9. jolie/belle ; petite
F. 1. belle ; Here is a beautiful city.
    2. grand ; Here is the big truck.
    3. jeune ; Here is a young boy.
    4. jaune ; Here is a yellow taxi.
G. 1. la jeune fille
    2. une banane jaune
    3. un vieux cinéma
    4. Une mauvaise chatte!
    5. un vieil hôpital
    6. une petite pomme

13 La nature
Nature
B.
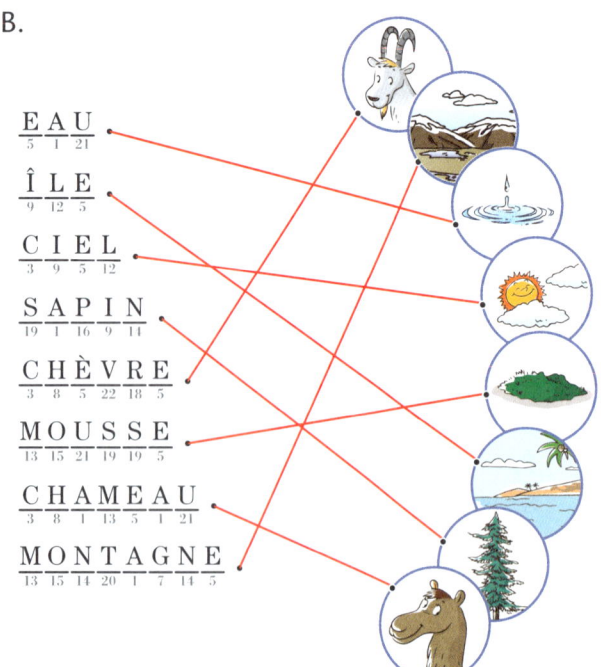

C. 1. la forêt
    2. une île
    3. la forêt
    4. la terre ; la nature
    5. l'océan
    6. le désert
D. 1. sable ; D
    2. cactus ; B
    3. chameau ; C
    4. ciel ; A
    5. eau ; E
E. 1.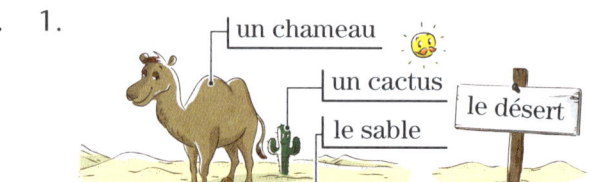

    2.

    3.

    4.

    5.

F. A: Les sapins ; la forêt
    B: La plante ; la nature/la terre
    C: Les palmiers se trouvent dans une île.
    D: Les hippocampes se trouvent dans l'océan.
    E: Le perroquet se trouve dans la jungle.

14 Les expressions avec « avoir »
Expressions with "Avoir"

B. 1. avoir soif
    2. avoir honte
    3. avoir mal à
    4. avoir six ans
    5. avoir raison
    6. avoir tort
C. 1. Tu as treize ans.
    2. Jean a trente-deux ans.
    3. Vous avez quatorze ans.
    4. Marie a six ans.
    5. Mon frère et moi avons neuf ans.
    6. Marc et Tom ont seize ans.
    7. Ma sœur et toi avez onze ans.
D. A: soif
    B: L'homme a soif.
    C: Le fermier a faim.
    D: Jill et toi, vous avez soif.
    E: Les filles ont faim.
    F: Paul et Sylvie ont soif.
    G: Tu as soif.
    H: Paul a faim.
E. 1. du lait
    2. L'étudiant a besoin d'un crayon.
    3. Marie a besoin d'une pomme.
    4. L'avocat a besoin d'un stylo.
    5. L'artiste a besoin de papier.
    6. Ma sœur et moi avons besoin d'un livre.
F. 1. J'ai chaud.
    2. Il a faim.
    3. Elle a raison.
    4. Ils ont soif.
    5. Vous avez peur.
    6. Nous avons du mal à sommeiller.
    7. Nous avons honte.
    8. Elle a mal au dent.
    9. Ils ont envie de danser.
    10. Tu as froid!
    11. Tu as l'air contente.
    12. J'ai besion du lait.
    13. Suzie a l'habitude de manger trop.

15 Les prépositions et les conjonctions
Prepositions and Conjunctions

B.

C. 1. sur
    2. dans
    3. avec
    4. devant
    5. contre
    6. sans
    7. au
    8. autour
D. 1. à
    2. après
    3. avec
    4. sous
E. ou ; mais ; et ; parce que ; puis
F. 1. parce qu'
    2. et
    3. ou
    4. mais
    5. et
G. à ; à ; mais ; parce qu' ; de ; dans ; avec ; de ; dans ; Mais ; avant ; autour ; mais
H. (Réponse individuelle)
I. 1. derrière ; parce qu'
    2. dans ; sous ; sur
    3. après ; avant ; À
    4. à ; de

Réponses Answers

16 Le zoo
The Zoo

B. 1. une grenouille
2. un panda
3. un caméléon
4. un koala
5. un phoque
6. une girafe
7. un serpent
8. un hibou
9. A: un guépard
   B: un flamant rose
   C: un vautour
   D: une tortue

C. Dans le ciel : le pélican ; le vautour ; le perroquet ; le hibou
Sur la terre : le chameau ; la girafe ; le koala ; l'ours
Dans l'eau : la tortue ; le dauphin ; la pastenague ; le phoque

D. 1. Tu ne sommeilles pas.
2. Il ne rêve pas.
3. Elle n'est pas artiste.
4. Je n'ai pas chaud.
5. Nous n'avons pas cinq ans.
6. Ils ne sont pas fâchés.

E. 1. Elle pleure.
2. Ils aiment leur voiture.
3. Mon frère lit.

F. 1. Je n'ai pas sommeil.
2. Ils n'ont pas tort.
3. Vous n'êtes pas à l'hôpital.
4. Ma sœur ne regarde pas la télé.
5. Le chien ne rêve pas des chats.
6. Luc ne va pas au magasin.
7. Lucie et moi, nous n'étudions pas à la bibliothèque.

B. A: les plantes
B: le train
C: une girafe
D: une cage
E: un ours
F: la rue
G: une charpentière
H: le facteur dans son camion
I: la voiture
J: un bâtiment
K: La fille pleure.
L: un policier
M: la bicyclette
N: un ballon

C. Tu : J
Nous : E
La chèvre : A
Alice et Marie : C
Monsieur le Président, : B
Cinquante et onze font : D
Paul mange du riz parce qu' : I
Je regarde la télévision : F
Quarante moins quatre égalent : H
J'ai mal aux dents. J'ai besoin d' : G

D. 1. B   2. A
3. B   4. B
5. B   6. A
7. A   8. B

La révision 2
Revision 2

A. 1. B   2. B   3. C
4. C   5. B   6. C
7. B   8. C   9. B
10. C   11. A   12. B
13. C   14. B   15. B

Grade 5

Histoire 1
L'ours et le renard

p. 128 Est-ce que tu te rappelles?
A: décide
B: dupe
C: récolte
D: fâché
E: graines de seigle

E ; C ; B ; D ; A

p. 129 Mots cachés

p. 130 Conjuguons ensemble
pense ; penses ; pense ; pense ; pensons ; pensez ; pensent ; pensent
prends ; prends ; prenons ; prenez ; prennent ; prennent

1. je prends
2. nous pensons
3. ils prennent
4. vous pensez
5. elles prennent
6. il prend

p. 131 Conjuguons ensemble
1. prends
2. pensent
3. prend
4. pense
5. pense
6. prends
7. prenez

p. 132 Résumé de l'histoire
(Réponse individuelle)

Histoire 2
Le buffle prudent

p. 146 Est-ce que tu te rappelles?
A: lièvre
B: course
C: buffle
D: prudent
E: lentement
F: tomber

B ; E ; C ; F ; A ; D

p. 147 Lettres brouillées
coureur ; entendre ; arrêter ; prudent ; dépasse ; disputent

1. dépasse
2. disputent
3. coureur
4. prudent
5. arrêter
6. entendre

p. 148 Conjuguons ensemble
gagne ; gagnes ; gagne ; gagne ; gagnons ; gagnez ; gagnent ; gagnent
sais ; sais ; sait ; sait ; savons ; savez ; savent ; savent

1. tu gagnes
2. elles savent
3. nous gagnons
4. il gagne
5. elle sait
6. vous savez
7. elles gagnent
8. je gagne

p. 149 Conjuguons ensemble
1. gagne
2. sait
3. sais
4. savez
5. gagnes
6. sait
7. gagnons

p. 150 Résumé de l'histoire
(Réponse individuelle)

Réponses Answers

Histoire 3
Le chacal rusé

p. 164 Est-ce que tu te rappelles?
A: serpent femelle
B: sauve
C: chacal
D: jeune homme
E: même
B ; D ; A ; C ; E

p. 165 Imagine un dialogue
(Réponses individuelles)

p. 166 Conjuguons ensemble
bouge ; bouges ; bouge ; bouge ; bougeons ; bougez ; bougent ; bougent
mets ; mets ; mettons ; mettez ; mettent ; mettent
1. vous bougez
2. nous mettons
3. elles bougent
4. ils mettent
5. tu bouges
6. il met

p. 167 Conjuguons ensemble
1. bouge
2. mettent
3. mettez
4. bouges
5. bougeons
6. mettons

p. 168 Résumé de l'histoire
(Réponse individuelle)

Histoire 4
La citrouille

p. 182 Mots croisés

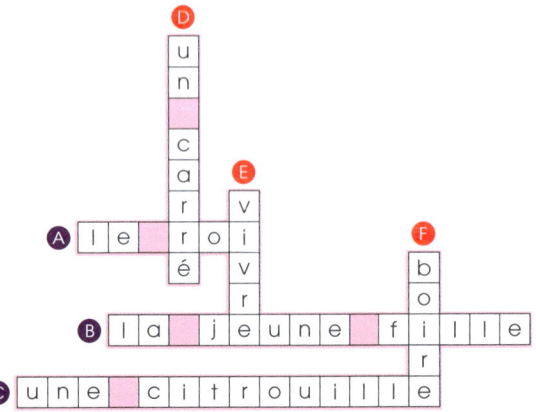

p. 183 Est-ce que tu te rappelles?
A: la jeune fille
B: vivre
C: une citrouille
D: un carré
E: boire
F: Le roi
D ; E ; C ; A ; F ; B

p. 184 Conjuguons ensemble
montre ; montres ; montre ; montre ; montrons ; montrez ; montrent ; montrent
vois ; vois ; voit ; voit ; voyons ; voyez ; voient ; voient
1. elles montrent
2. nous voyons
3. vous voyez
4. je montre
5. elle voit
6. ils montrent
7. ils voient

p. 185 Conjuguons ensemble
1. voit
2. montre
3. vois
4. voyez
5. voyons
6. montrent

p. 186 Résumé de l'histoire
(Réponse individuelle)

Histoire 5
Le pique-nique

p. 200 Est-ce que tu te rappelles?
A: pelouse
B: Geneviève
C: oublier
D: pleuvoir
E: goûters
B ; E ; A ; D ; C

222 Complete FrenchSmart • Grade 5

p. 201 À l'écrit

(Dessins individuels)

1. lait
2. fourmis
3. canards
4. photos
5. abeilles

p. 202 Conjuguons ensemble

oubli**e** ; oubli**es** ; oubli**e** ; oubli**e** ; oubli**ons** ;
oubli**ez** ; oubli**ent** ; oubli**ent**
choisi**s** ; choisi**s** ; choisi**t** ; choisi**t** ; choisiss**ons** ;
choisiss**ez** ; choisiss**ent** ; choisiss**ent**

1. tu choisis
2. nous choisissons
3. tu oublies
4. il choisit
5. ils choisissent
6. ils oublient
7. vous choisissez
8. nous oublions
9. elle oublie

p. 203 Conjuguons ensemble

1. choisissent
2. choisit
3. oubliez
4. oublions
5. oublie
6. choisissez
7. choisissons

p. 204 Résumé de l'histoire

(Réponse individuelle)

Amusez-vous avec les dialogues
Have Fun with Dialogues

Go Interactive

Our ever-popular  has gone digital!

Introducing
Interactive EnglishSmart on iPad, featuring:

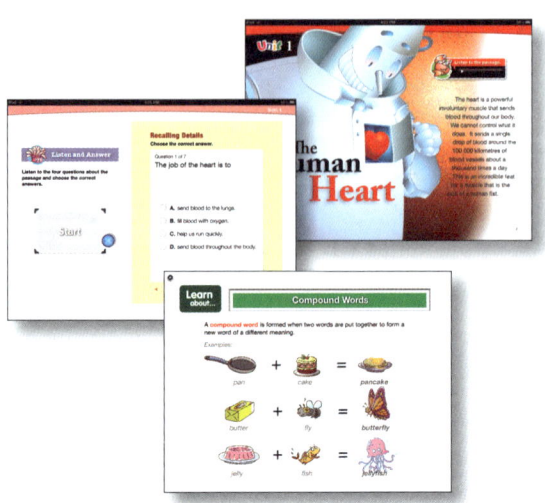

- audio reading
- listening comprehension
- animated explanations and guidance
- reviews, exercises, and activities with instantaneous feedback

Scan this code with your smart phone or go to our Website www.popularbook.ca to learn more details.